북한을 움직인 30인

2018년 8월 30일 초판 1쇄
2019년 4월 10일   2쇄

글 고수석
펴낸곳 늘품플러스
펴낸이 전미정
책임편집 최효준
디자인 임수진 최하영
출판등록 2008년 1월 18일 제2-4350호
주소 서울 중구 퇴계로 182 가락회관 6층
전화 02-2275-5326
팩스 02-2275-5327
이메일 go5326@naver.com
홈페이지 www.npplus.co.kr
ISBN 979-11-88024-16-2 (03340)
정가 15,000원

이 책은 관훈클럽신영연구기금의 도움을 받아 저술 출판되었습니다.

북한을 움직인 30인

고수석 저

늘품플러스

한국에서 북한하면 떠오르는 단어는 '김일성', '김정일', '김정은', '핵', '미사일'이 거의 전부라고 할 수 있다. 이 단어들 외에는 떠오르는 사람과 사물이 거의 없다. 북한 정보가 빈곤한 탓도 있고 관심이 적은 탓도 있다. 그보다 더 큰 이유는 따로 있다. 1950년 6·25전쟁 이후 남북한이 체제 경쟁을 하느라 서로에게서 보고 싶은 것만 보고 살아왔다는 것이다. 그로 인해 서로를 왜곡하거나 편향되게 알고 있다. 아는 만큼 보이고 판단한다는 말이 북한을 바라볼 때에 그대로 적용된다.

북한에는 2,500만 명의 사람들이 살고 있고 그들도 우리와 같이 사랑하고 미워하고 경쟁하면서 살아가고 있다. 체제가 다를 뿐이지 사람 사는 것은 똑같다. 김 씨 3부자가 북한을 주도하고 있지만 그들이 북한의 전부는 아니다. 김 씨 3부자 주변에 있는 엘리트들이 김 씨 3부자와 토론하면서 북한을 이끌고 있다.

그동안 우리는 김 씨 3부자에만 집중적으로 관심을 가졌지 주변 사람들에 대해서는 관심이 덜했다. 독재 국가의 특성상 독재자에게 관심이 쏠리는 것은 당연하다. 중국과 소련을 볼 때도 스탈린과 마오쩌둥에 마음을 빼앗겼다. 하지만 북한을 제외한 다른 사회주의 국가는 세습을 하지 않아 다양한 사람들이 역사에 등장할 수 있었다. 우리들은 소련의 흐루쇼프·브레즈네프·고르바쵸프·푸틴 등이나 중국의 덩샤오핑·장쩌민·후진타오·시진핑 등에 주목했다. 그러나 북한은 김 씨 3부자를 제외한 사람들이 역사 속에서 주목을 받지 못했다.

필자가 김 씨 3부자의 주변 사람들에게 관심을 가진 것은, 역사는 주연이 혼자서 만드는 것이 아니라 조연이 반드시 필요하다는 인식에서 출발했다. 중국 역사를 보더라도 유방-장량·한신·소하, 유비-제갈량·관우·장비, 마오쩌둥-주더·저우언라이·류샤오치 등의 주연과 조연들이 있었다. 한국 역사에서는 이성계-정도전·조준, 세종대왕-황희·맹사성 등에서 찾을 수 있다. 이들 조연들이 있었기에 주연이 빛을 낼 수 있었다.

김 씨 3부자에게도 그들을 도왔던 조연들이 있다. 이 조연들은 노동당·조선인민군·내각 등에 골고루 포진해 있다. 그 가운데 인민무력부장, 총리, 대남비서를 선정했다. 이유는 다른 직책에 비해 남북한의 문헌 자료가 풍부한 편이고 우리에게 그나마 익숙한 자리들이다. 이들은 김 씨 3부자에 의해 선발돼 그들에게 충성하고 오늘의 북한을 만드는 데 비중 있는 역할을 했다.

인민무력부장은 북한 군대를 대표하고 총리는 북한 경제를 책임지고 있다. 대남비서는 남북관계를 총괄하는 자리다. 이들은 한국의 과거와 현재, 미래와 관련이 있을 수밖에 없는 사람들이다. 이들을 통해 김 씨 3부자의 용인술을 엿볼 수 있다.

그동안 김 씨 3부자에만 집중하다보니 북한을 다양한 각도에서 접근하지 못했다. 북한 연구 분야도 범위가 좁아 미국·일본·유럽 등의 북한 연구를 좇아가는 형편이었다. 전 세계 사람들은 한국이 북한과 같은 민족이며 비록 휴전선이 있지만 분단되기 이전에는 같은 역사를 공유해 북한을 가장 잘 아는 국가로 생각한다. 하지만 현실은 그렇지 못하다. 외국인들이 마음대로 들락거리는 평양을 가지도 못하고 평양을 다녀온 그들의 입에 우리나라 학자·정보기관·언론이 귀를 세우고 있다. 그들이 보고 듣고 해석하는 북한의 변화를 받아들일 수밖에 없다. 희한한 일이 벌어지고 있는 셈이다.

따라서 남북 교류가 재개해 북한을 방문할 수 있을 때까지 북한 연구와 관심을 다양하게 가질 필요가 있다. 북한에 대한 한국의 장점을 살리고 통일을 준비해야 한국이 통일 시대에 한반도를 선도할 수 있다. 통일 시대는 한국만을 위한 레드 카펫이 깔리지 않을 것이다. 한국이 통일을 준비하지 않으면 우리보다 힘세고 북한을 더욱 많이 연구한 나라들이 우리의 자리를 차지할 것이다.

이런 문제의식에서 출발해 북한 연구와 관심의 폭을 확대하는 데 기여했으면 하는 바람에서 이 책을 기획했다. 2000년 남북정상회담을 계기로 북한 연구에 발을 들여 놓은 이후 평양과 베이징·단둥 등을 다니면서 분단을 극복하는 방법은 지금보다 북한을 더 많이 알아야 한다는 것이었다. 알콩달콩 지낼 줄 알았던 북한과 중국은 마지못해 붙어 있고 평양은 고집스럽게 자신들의 길을 가고 있다. 이런 북한과 함께 살기 위해서는 그들을 지금보다 더욱 많이 연구해야 한다고 생각했다.

사람은 생각하는 대로 행동하는 것이 아니라 행동하는 대로 생각하는 경우가 많다. 북한을 많이 알면 알수록 북한에 대한 생각이 바뀔 수 있다. 구시대의 유물인 이데올로기에 젖어 있으면 북한에서 보고 싶은 것만 보게 된다.

이 책을 쓰는 데 많은 사람들의 도움을 받았다. 이하경 중앙일보 주필(중앙종합연구원장), 김수연 선생님, 정영교 중앙일보 통일문화연구소 연구원, 박용한 중앙일보 군사안보연구소 연구위원에게 무한한 감사를 드린다. 북한 내각 총리를 함께 고민하고 저술에도 참여한 이경주 인턴에게도 고마움을 전한다. 휴일에 작업할 때도 미소를 잃지 않고 내조해 온 아내 길선회와 아들 창희, 딸 지원에게도 깊은 감사를 전하고 싶다.

이 책을 출간하는 늘품플러스에 고마움을 어떻게 표현해야 할지 모르겠다. 전미정 대표님의 여러 가지 배려에 깊이 감사드린다. 그리고 필자의 주문을 항상 흔쾌히 처리해 준 최효준 팀장에게도 깊은 고마움을 드린다.

2018년 8월
고 수 석

목차

1. 인민무력부장

2. 내각 총리

3. 대남비서

당(黨)

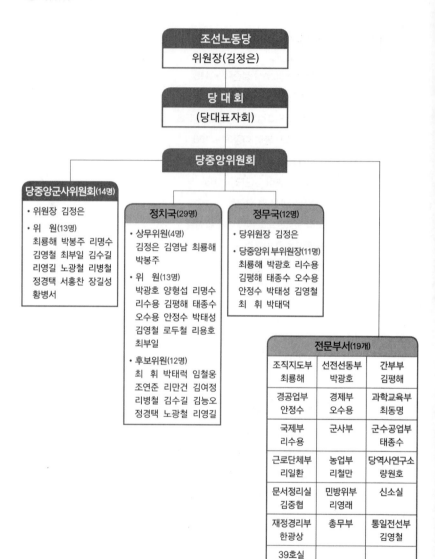

조선노동당
위원장(김정은)

당 대 회
(당대표자회)

당중앙위원회

당중앙군사위원회(14명)
- 위원장 김정은
- 위 원(13명)
  최룡해 박봉주 리명수
  김영철 최부일 김수길
  리영길 노광철 리병철
  정경택 서홍찬 장길성
  황병서

정치국(29명)
- 상무위원(4명)
  김정은 김영남 최룡해
  박봉주
- 위 원(13명)
  박광호 양형섭 리명수
  리수용 김평해 태종수
  오수용 안정수 박태성
  김영철 로두철 리용호
  최부일
- 후보위원(12명)
  최 휘 박태덕 임철웅
  조연준 리만건 김여정
  리병철 김수길 김능오
  정경택 노광철 리영길

정무국(12명)
- 당위원장 김정은
- 당중앙위 부위원장(11명)
  최룡해 박광호 리수용
  김평해 태종수 오수용
  안정수 박태성 김영철
  최 휘 박태덕

전문부서(19개)

조직지도부 최룡해	선전선동부 박광호	간부부 김평해
경공업부 안정수	경제부 오수용	과학교육부 최동명
국제부 리수용	군사부	군수공업부 태종수
근로단체부 리일환	농업부 리철만	당역사연구소 량원호
문서정리실 김중협	민방위부 리영래	신소실
재정경리부 한광상	총무부	통일전선부 김영철
39호실 신룡만		

※ 당 중앙위 제7기 제3차 전원회의(2018.04.20.) 결과 반영
　　출처: 통일부

정(政)

국무위원회(12명)

위원장(김정은)

- 부위원장 황병서 박봉주 최룡해
- 위원(8명) 김기남 박영식 리수용 리만건
  김영철 김원홍 최부일 리용호

인민무력성	국가보위성	인민보안성
노광철	정경택	최부일

국가체육지도위원회

- 위원장 최 휘
- 부위원장 로두철 리일환

내 각

- 총 리 박봉주
- 부총리(9명) 로두철 리무영 김덕훈 임철웅 리주오 리룡남 고인호 전광호 동정호

보통교육성 김승두	고등교육성 태형철	국가가격위원회 최 강	국가검열위원회 -	국가계획위원회 로두철
국가과학기술위원회 리충길	국가품질감독위원회 리철진	수도건설위원회 조석호	조국평화통일위원회 리선권	건설건재공업성 박 훈
경공업성 최일룡	국가건설감독성 권성호	국가자원개발성 리춘삼	국토환경보호성 김경준	금속공업성 김충걸
기계공업성 리종국	노동성 윤강호	농업성 고인호	대외경제성 김영재	도시경영성 강영수
문화성 박춘남	보건성 장준상	상업성 김경남	석탄공업성 문명학	수매양정성 문응조
수산성 송춘섭	식료일용공업성 조영철	외무성 리용호	원유공업성 고길선	원자력공업성 왕창욱
육해운성 강종관	임업성 한룡국	재정성 기광호	전력공업성 김만수	전자공업성 김재성
채취공업성 리학철	철도성 장 혁	체신성 김광철	체육성 김일국	화학공업성 장길룡
내각사무국 김영호	중앙통계국 최승호	국가과학원 장 철	중앙은행 김천균	

※ 최고인민회의 제13기 5차 회의(2017.04.11.) 결과 반영
  출처: 통일부(2018.01.29.)

1

인민무력부장

최용건 · 김광협 · 김창봉 · 최현 · 오진우

최광 · 김일철 · 김영춘 · 김정각 · 김격식

장정남 · 현영철 · 박영식

북한의 인민무력부는 한국의 국방부에 해당한다. 군사 관련 외교 업무와 군수·재정 등을 맡고 있다. 과거 국방위원회 산하의 군사집행기구였지만 2016년 6월부터 국방위원회를 확대 개편한 국무위원회 산하로 들어갔다. 이에 따라 인민무력부는 인민무력성으로 바뀌었고 인민무력부장도 인민무력상으로 호칭이 변경됐다.

이런 변화는 1948년 민족보위성으로 출범한 이래 4번째다. 1948년 민족보위성 → 1972년 인민무력부 → 1998년 인민무력성 → 2000년 인민무력부 → 2016년 인민무력성으로 바뀌었다. 현재 노광철 인민무력상은 권력 서열 28위. 계급은 대장. 북한군을 대표하는 인민무력상(편의상 인민무력부장)들의 면면들을 알아보고 그들의 눈으로 북한 권력의 변화를 살펴보자.

인민무력부장은 현재 군부 내 서열 3위다. 1위 총정치국장-2위 총참모장-3위 인민무력부장 순이다. 처음부터 이 순서는 아니었다. 김일성 시대는 1위 인민무력부장-2위 총참모장-3위 총정치국장 순이었다가 김정일 시대에 지금 순서로 바뀌었다.

··· **역대 인민무력부장**

	이 름	재임 기간
1대	최용건	1948~1957(9년)
2대	김광협	1957~1962(5년)
3대	김창봉	1962~1968(6년)
4대	최 현	1968~1976(8년)
5대	오진우	1976~1995(19년)
6대	최 광	1995~1997(2년)
7대	김일철	1998~2009(11년)
8대	김영춘	2009~2012(3년)
9대	김정각	2012~2012(7개월)
10대	김격식	2012~2013(6개월)
11대	장정남	2013~2014(1년 1개월)
12대	현영철	2014~2015(8개월)
13대	박영식	2015~2018(3년)
14대	노광철	2018~현재

66

나는 최용건과 같은 군사전문가와

일찍부터 손을 잡지 못한 것이 여간 아쉽지 않았다.

최용건과 같은 사람들이 중국 동만주에 있었더라면

우리는 많은 일을 했을 것이다.

김일성

99

조선의 주더朱德
최 용 건

초대 인민무력부장은 최용건(1900~1976)이다. 그가 임명된
1948년 9월에는 인민무력부장을 민족보위상으로 불렀다. 북한
은 1948년 9월 국가를 수립하면서 국방 업무를 맡는 부처를 민
족보위성으로 명명했다. 조국과 민족을 보위하는 인민군대라는
뜻에서 그렇게 지어졌다. 최용건은 민족보위상에 임명된 뒤로부
터 1957년까지 그 자리를 맡았다.

　최용건은 일본군과 싸웠던 가장 전형적인 군인이었다. 그는
중국 황포군관학교 교관, 동북항일연군 제2로군 총참모장, 동
북항일연군 교도려(소련군 제88국제여단) 부참모장, 민족보
위상, 서해안방어사령관, 인민군 차수(대장과 원수 사이의 북한
식 계급) 등을 지냈다. 중국인들은 그를 '조선의 주더'라 부른다.
주더朱德(1886~1976)는 중국 10대 원수 가운데 한 명으로 중국

인민해방군의 전신인 홍군洪軍을 창설한 '홍군의 아버지'이다.

최용건은 1945년 해방 이후 북한으로 돌아가 1948년 2월 조선인민군을 창군하면서 초대 인민군 총사령관(훗날의 최고사령관)을 맡았다. 중국인들이 그를 '조선의 주더'로 부르는 이유가 여기에 있다. 창군 당시 김일성은 북조선 인민위원회 위원장을 맡았다가 1948년 9월 북한 정권이 수립되면서 내각 수상이 됐다.

북한 현대사에서 최용건은 군인 경력 외에도 최고인민회의(한국의 국회) 상임위원장, 정치국 상무위원, 국가부주석 등 정치인으로도 화려한 인생을 살았다. 이를 보면 북한 현대사에서 김일성 다음으로 중요한 위치를 차지했음을 알 수 있다.

최용건은 1900년 평안북도 염주군 하석리에서 태어나 1918년 평안북도 정주군 오산중학교에 입학했다. 당시 교장은 조만식이었다. 조만식은 그를 각별히 아꼈지만 사상이 달라 훗날 정적이 된다. 1921년 중학교를 중퇴하고 중국 상하이로 망명한 뒤 1922년 중국 최초의 근대식 군사학교인 윈난雲南 육군 강무당講武堂에 입학했다. 그곳에서 그의 평생 친구가 되는 저우바오중周保中(1902~1964)을 만난다. 두 사람은 윈난 육군 강무당 입학 동기로 꼬박 2년을 함께 보냈다. 저우바오중이 동북항일연군 제2로군 군장으로 있을 때 최용건이 그의 밑에서 총참모장으로 지냈다. 그 인연은 계속 이어져 저우바오중이 동북항일연군 교도려 여장旅長을 맡고 있을 때 최용건은 부참모장으로 근무했다. 당시 참모장은 소련인 시린스키 중좌였다.

최용건은 원난 육군 강무당 재학 시절에 황포군관학교(교장 장제스) 교수부 부주임이었던 예젠잉葉劍英의 추천으로 황포군관학교의 임시 교관에 선발됐다. 예젠잉은 주더와 함께 중국 10대 원수 가운데 한 명으로 나중에 국방부장까지 올랐다. 최용건은 임시 교관으로 있을 때 저우언라이周恩來와도 인연을 맺었다. 저우언라이는 프랑스 유학을 마치고 귀국해 1924년 3월부터 황포군관학교의 정치부 주임으로 근무하고 있었다. 최용건은 저우언라이와 예젠잉과 이때 맺은 인연으로 나중에 북·중 관계에서 불협화음이 생기면 해결사 역할을 할 수 있었다.

1925년 원난 육군 강무당을 졸업한 뒤 그는 황포군관학교 훈련교관으로 군사 경력을 쌓았다. 3년간 훈련교관으로 근무하면서 제자로 타오주陶鑄 중국 국무원 부총리, 자오상즈趙尚志 동북항일연군 제3로군 군장 등을 배출했다. 최용건은 황포군관학교에 재직하던 1926년 중국 공산당에 가입했다.

그는 1927년 12월 중국 공산당의 지시로 북만주로 파견되면서 항일운동에 뛰어들었다. 그 이후 1940년 저우바오중을 다시 만나 1945년까지 동고동락을 했다. 저우바오중과 최용건은 주로 북만주 일대에서 활동했던 동북항일연군 제2로군의 군장과 총참모장을 각각 맡았다. 김일성이 동북항일연군 제1로군 제6사장을 맡을 때다.

최용건이 소문으로만 듣던 김일성을 처음 만난 것은 1941년 하바롭스크에서다. 최용건은 1940년 11월 일본 관동군에 쫓겨 중국-소련 국경을 넘어 연해주를 거쳐 소련 하바롭스크로 이동했다. 김일성은 1940년 10월 23일 중국-소련 국경을 넘어 소련 경내에 들어갔다. 하바롭스크에 이들이 모인 것은 1941년 코민테른(공산주의자 국제 조직)이 소집한 항일연합군 지휘간부회의(1940년 12월~1941년 3월)에 참가하기 위해서였다. 모든 동북항일연군 부대의 생존자들은 1940년부터 1941년 사이에 소련으로 탈출했다.

김일성은 하바롭스크에서 그의 최측근인 안길(1907~1947)을 앞세워 먼저 온 최용건의 숙소를 찾아갔다.[1] 당시 최용건이 41살, 김일성이 29살이었다. 하바롭스크 회의가 끝난 이후 소련은 극동지역에 2개의 기지를 제공했다. 하나는 하바롭스크에서 북쪽으로 60km 떨어진 비야츠크 북야영(A야영)이었고 다른 하나는 보로실로프(현재 우수리스크) 근처에 있는 남야영(B야영)이었다. 최용건은 북야영에 남고, 김일성은 남야영으로 이동했다. 북야영에 남았던 저우바오중이 남야영에 얼마 동안 와 있기도 했다.[2]

나중에 김일성은 1942년 7월 새로 개편된 동북항일연군 교도려에 가기 위해 남야영에서 북야영으로 이동했다. 동북항일연군 교도려는 독·소전쟁과 태평양전쟁이 일어난 급변한 정세의 요구에 따라 소련군과 동북항일연군이 국제연합군으로 만들어진 것이다. 저우바오중이 동북항일연군 교도려의 여장을 맡았고 최용건은 부참모장 겸 정치위원을, 김일성은 제1영 영장(대대장)을 각각 맡았다.

소련이 이들을 훈련시킨 목적은 만일 만주에서 일본 사람들과 전쟁을 벌이게 될 경우에 이들을 이용하기 위해서였던 것으로 보인다. 이들 유격대원들은 비록 만주에서 패퇴하기는 했으나 일본 사람들에 대한 투쟁의 경험과 아울러 의지도 가지고 있었다.[3]

김일성은 1945년 대일작전을 앞둔 어느 날 동북항일연군 교도려 지휘관들과 함께 모스크바를 방문했다. 소련군 총참모부가 소집한 회의로 김일성은 그 회의에서 바실리예스키(극동군 사령관), 메레츠코프(연해주 군관구 사령관), 스티코프(연해주 군관구 군사평의회 의원) 등을 만났고 주코프 독일주둔 소련군 총사령관, 주다노프 소련공산당 정치국 위원과도 조우했다.[4]

조선인 항일유격대원들의 88여단 생활 중 주목할 만한 것은 해방 직전인 1945년 7월 말에 중국공산당으로부터 분리해 나와 조선에서 당건설과 해방사업을 추진하기 위해 조선공작단을 결성했다는 것이다. 조선공작단은 김일성을 단장으로 하고 최용건을 당위원회 서기로 하여 성립됐다. 당위원회의 경우 조선공작단이 조선으로 돌아가서 조선공산당을 건립하기 이전까지는 중공과 연계하거나 당을 조직한 뒤에는 중공으로부터 분리하기로 결정했다. 조선공작단의 영도 책임은 전적으로 김일성이 맡기로 했다. 김일성·최용건·김책이 주도해서 결성한 조선공작단에는 만주에 있는 조선족 밀집 지역인 연변 및 목단강 일대의 해방사업을 위해 파견되는 강건과 김광협 등 일부를 제외하고는 대부분의 조선인이 참가했다.[5]

최용건과 김일성의 운명이 바뀐 것은 1945년 북한으로 들어

오면서부터였다. 김일성은 1945년 9월 5일 하바롭스크 근처 비야츠크 북야영을 떠나 하바롭스크로 나와 9월 19일 원산항으로 귀국했다. 그와 함께 귀국한 사람은 김책·안길·김일·김경석 등 대부분의 유격대 간부들이다. 김일성은 당초 하바롭스크 → 목단강 → 왕청 → 도문을 거쳐 육로로 귀국하려고 했다. 그런데 사정이 생겨 도중에 그 계획을 포기하고 노정을 변경시켜 배를 타고 귀국했다. 일본 관동군 패잔병들이 목단강 남쪽에 있는 교량과 목단강 비행장의 활주로까지 파괴해 자동차도 기차도 비행기도 다 이용할 수 없는 상황이었다. 그래서 목단강까지 갔다가 하바롭스크로 되돌아와 블라디보스토크에서 군함을 타고 귀국했다.[6] 김일성은 귀국할 당시 평양의 소련군 위수사령부 부사령의 직책을 맡았다.

최용건은 1945년 10월 중순에 귀국했다. 그는 88여단에서 중국공산당 동북위원회 서기를 맡고 있었다. 따라서 그는 중국공산당 중앙에 그동안의 항일유격대 활동 상황을 보고하기 위해 저우바오중과 함께 창춘으로 나갔다. 그리고 1945년 9월 23일 중국 선양에서 저우바오중·펑중원 등과 함께 펑전 등 중국공산당 중앙에서 파견된 간부들에게 보고를 마친 뒤 귀국했다.[7]

하지만 소련은 김일성을 지도자로 지지하는 분위기를 조성하면서 김일성이 권력의 정점에 먼저 다가섰다. 최용건은 1948년 2월 8일 출범한 조선인민군의 초대 총사령관을 맡았다. 부사령관 겸 문화부 사령관 김일, 포병부 사령관 무정, 후방부 사령관 최홍극, 총참모장 강건, 부총참모장 황호림, 통신부장 박영순, 공병부장 박길남, 작전부장 류신이 그 아래에 있었다. 실제 병력은 2개 사단과 1개 여단을 갖추고 있었다. 제1사단은 평안남도 개천시에 있었으며 사단장은 김웅, 총참모장은 최광이었다. 제2사단은 함경북도 청진시 나남구역에 자리 잡았으며 사단장은 이청송, 총참모장은 이익성이었다. 제2사단 예하 4개의 연대는 류경수, 최용진, 이영호, 한진덕이 맡고 있었다. 강원도 원산에 자리 잡은 제3혼성여단의 여단장은 김광협, 총참모장은 오진우였다.

조선인민군은 평양학원(1946년 2월 23일) → 중앙보안간부학교(1946년 6월) → 보안간부훈련대대부(1946년 8월) → 북조선 인민집단군(1947년 5월) → 조선인민군(1948년 2월 8일) 과정을 거쳐 창설됐다.

조선인민군의 주역은 만주파였다. 김일성, 최용건, 김책, 안길, 강건, 김일, 김광협 등이 중심인물이었다. 조선의용군 출신 연안파도 중요한 역할을 했다. 무정, 김웅, 이상조, 박효삼, 이권무, 이익성 등이다. 또 다른 주역인 소련파로는 이동화, 유성철, 김봉률, 박길남, 이청송, 한일무 등이 있었다.

조선인민군 출범식은 1948년 2월 8일 오전 10시 평양역에서 열렸다. 출범식 당시 김일성 초상화 양쪽에 태극기가 휘날렸다. 북한은 1948년 7월까지 공식 국기로 태극기를 사용했다. 이날 행사는 북한의 핵심 인물들과 북한 주둔 소련군의 주요 인물들이 대거 참여했다. 김일성 북조선인민위원장, 김두봉 최고인민회의 상임위원장, 최용건 조선인민군 총사령관, 강건 총참모장 등이 모두 참석했다. 소련 측에서는 조지 코로트코프 북한 주재 소련군 사령관, 조지 샤닌 총참모장을 비롯해 여러 장성들이 참석했다.

기념식이 끝난 뒤에는 열병식이 진행됐다. 기관총부대가 가장 먼저 나왔고 다음으로 포병부대가 뒤따랐다. 몇 대의 항공기가 공중을 돌며 선전 팸플릿을 뿌렸다. 물론 무기들은 모두 소련제였다. 소련에서 사용하던 것이었지만 비교적 깨끗하게 수리돼 열병식에 선보였다.[8] 김일성은 열병식에서 조선인민군 창건의 의미를 다음과 같이 연설했다.

> 오늘 우리는 진정한 인민의 정권인 북조선인민위원회의 창립 2주년을 경축하면서 조선 역사에서 처음으로 인민자신의 정규적 무장력인 조선인민군의 창건을 선포한다. 일본제국주의자들의 총칼 앞에서 갖은 박해와 탄압을 당하던 조선 인민은 해방 후 자기 손에 정권을 틀어쥐고 행복한 새 생활을 창조하는 길에 들어섰으며 이제는 조국과 민족을 보위하는 당당한 자기의 정규군대를 가지게 됐다.
> 어떤 국가를 물론하고 자주독립국가는 반드시 자기의 군대를 가지고 있다. 자기의 군대를 가지지 못한 나라가 완전한 자주독립국가로 될 수 없는 것은 당연한 일이다. 우리 조국이 일본제국주의자들에게 강점되었던 것도 그 당시에 조선인민이 일본제국주의 침략 군대를 격파할 만한 자기의 군대를 가지고 있지 못했기 때문이다. 그러므로 우리 조국이 완전한 자주독립국가로 되기 위해서는 나라와

민족을 보위하며 어떠한 원수들의 침범도 능히 물리칠 수 있는 강력한 인민의 군대를 반드시 가져야 한다.

더욱이 우리 민족을 분열시키고 우리 조국을 다시 식민지로 만들려는 미제국주의자들과 그의 주구들의 흉악한 책동으로 말미암아 해방 후 2년이 넘는 오늘에 이르기까지 우리나라의 통일과 자주독립이 지연되고 있는 엄중한 형편에서 조선인민이 자기의 군대를 창건하는 것은 매우 긴급하고 절실한 문제로 나서게 됐다.

다음으로 우리가 인민군대를 창건하는 것은 통일적 민주주의인민공화국 수립의 토대인 북조선의 민주기지와 민주개혁의 성과를 원수들의 침해로부터 튼튼히 보위하며 북조선 인민들의 행복과 안전을 보장하기 위해서이다. 그러므로 우리는 인민군대를 창건함으로써 북조선에 수립된 민주제도와 우리 인민의 행복한 생활을 굳건히 수호하며 어떠한 반동세력과 파괴분자도 해방 후 오늘에 이르기까지 조국의 자주독립과 민주화를 위한 투쟁에서 북조선 인민들이 달성한 모든 고귀한 성과들을 털끝만큼도 해칠 수 없도록 하여야 할 것이다.

인민군대의 창건은 우리 인민의 커다란 자랑이며 또 하나의 빛나는 승리이다. 그러나 우리가 인민군대를 가지게 되였다 하여 그것으로써 만족하거나 승리에 도취하여서는 안 될 것이다. 인민군대의 창건은 앞으로 수립하여야 할 조선민주주의인민공화국의 강대한 현대적 무장력을 창건하기 위한 첫 걸음에 불과하며 다만 그 골간을 형성해 놓은 것이다. 그렇기 때문에 군인들은 물론, 전체 인민이 오늘 창건되는 인민군대를 더욱 강화 발전시키기 위해 백방으로 노력해야 하며 조선인민군의 불패의 힘을 세계에 자랑할 수 있도록 하여야 하겠다.

오늘 우리 인민은 자기의 진정한 군대를 창건함으로써 우리 민족의 역사에 또 하나의 새로운 승리를 기록했다. 전체 조선인민이 무한한 감격과 기쁨 속에서 오늘의 이 경사를 맞이하고 있으며 세계의 모든 벗들이 조국의 자유와 독립을 위하여 싸우는 조선인민의 이 새로운 승리를 축하해 주고 있다.[9]

소련은 1948년 9월 초대 내각을 구성하면서 김일성을 수상에, 최용건을 민족보위상에 선출했다. 김일성의 판정승이었다. 정부 수립과 함께 민족보위성이 설치됨에 따라 조선인민군도 체계화됐다. 민족보위상 최용건(대장) 아래 더 조직적인 직제를 갖추었다. 민족보위성 부상 겸 문화부 사령관은 김일(중장)이 맡았다. 포병부 사령관 무정(중장), 총참모장 강건(중장), 부총참모장 최인(소장), 전투훈련국장 김웅(소장), 총후방국장 최홍극(소장), 작전국장 유성철(대좌), 정찰국장 최원(대좌), 통신국장 박영순(대좌), 공병국장 박길남(대좌), 간부국장 이임(대좌), 군의국장 이동화(대좌), 포병 부국장 김봉률(대좌), 전투경험연구부장 유신(대좌), 정치보위부처장 석산(대좌) 등이 그 아래 위치하는 체계를 마련했다.[10]

최용건은 민족보위상으로 6·25전쟁을 치렀다. 개전과 함께 김일성은 조선인민군 최고사령관, 최용건은 부사령관이 돼 최고사령부를 만들었다. 김책이 전선사령관, 강건이 총참모장, 김일이 군사위원이 돼 전선사령부를 구성했다.[11] 김일성은 처음에 전선사령관을 최용건에 맡기려고 했다. 하지만 최용건은 미군의 전쟁 개입 가능성을 들어 남침에 반대하면서 전쟁에 소극적인 입장을 취했다. 김일성은 할 수 없이 전선사령관에 김책을 앉혔다. 김책의 본명은 김홍계다. 김일성이 자신의 '뛰어난 책사'라는 뜻으로 부른 별명을 김책은 본명 대신에 사용했다. 김책은 소련군이 동북항일연군 교도려를 결성할 때, 그를 위해 제3영 정치위원의 자리를 공석으로 비워 놓을 정도로 정치 공작에 잔뼈가 굵은 사람이다. 그런 배경을 가진 그가 얼떨결에 전선사령관을 맡게 된 것이다.

최용건은 6·25전쟁 당시 서울방어사령관으로 서울을 책임졌고 8월 말부터 유엔군의 인천상륙작전에 대한 소문이 무성해지자 서해안방어사령관도 겸했다. 최용건은 인천상륙작전 이후 북한군이 후퇴하는 과정에서 팔에 부상을 입어 수술을 받기도 했다. 북한은 김일성이 부상당한 최용건을 위로해 주고 따뜻하게 대해 주었다고 선전하고 있다.[12]

김일성은 6·25전쟁 이후 1953년 최용건에게 차수(대장과 원수 사이) 계급장을 달아주었다. 당시 김일성은 6·25전쟁에서 소극적이었던 최용건이 탐탁지 않았다. 하지만 북한의 재건을 위해서는 중국의 지원이 필요해 친중파인 최용건을 가까이 둬야

했다. 북한은 6·25전쟁 이후 전쟁 복구 사업이 우선이었다. 이런 이유로 국방은 6·25전쟁에 참전한 뒤 계속 북한에 주둔했던 중국인민지원군에 의지했다. 중국인민지원군은 평양 인근 평안남도 회창군에 34개 사단 이상이 주둔하면서 전쟁 복구 사업을 지원했다. 이들의 원활한 지원과정에서 최용건의 역할은 컸다.

이런 탓에 6·25전쟁이 끝났지만 1957년까지 그를 계속 민족보위상에 앉혀 두었다. 최용건이 민족보위상에서 물러날 즈음에 중국인민지원군의 철수가 막바지에 달했다. 중국인민지원군은 1958년 10월 완전 철수했다. 양용楊勇 중국인민지원군 사령원(사령관)이 평양역을 떠날 때 김일성과 최용건이 배웅했다.

김일성은 외국에 다녀오면 최용건을 위한 선물을 각별히 챙겼다. 최용건을 자신의 사람으로 만들고 싶어 하는 김일성의 마음이 담겼음을 알 수 있다. 김일성은 최용건이 환갑이 되던 1960년 6월 생일상을 차려주기도 했다.

군복을 벗고 정치인으로 변신한 최용건은 평생 군인으로 살아온 탓에 정치인이 마음에 내키지 않았다. 김일성과의 관계는 1960년대 북한 군대에 김일성 우상화가 퍼지면서 틀어지기 시작했다. 자신을 따랐던 김광협, 김창봉이 차례로 숙청되면서 자신도 연금 상태에 놓일 때도 있었다.

그에게 남은 것은 마지막 인생을 어떻게 정리해야 하는가였다. 병명은 알려지지 않았지만 그는 오랫동안 병환으로 침대에 누워 있었다. 북한은 김일성이 한해 두해 늙어가는 최용건을 몹시 가슴 아파했다고 기록했다. 최용건은 1976년 9월에 사망했다. 북한은 1976년 9월 20일자 그의 부고란에 '최용건 동지는 자기 생애의 마지막 순간까지 당의 유일사상체계를 확고히 세우고 그 어떤 어렵고 복잡한 환경 속에서도 추호의 동요도 없이 오직 위대한 수령 김일성 동지께 끝없이 충직했다'고 적었다.

최용건의 부인 왕옥환은 중국 여성으로 남자들도 혀를 내두를 정도의 여장부였다. 동북항일연군 출신 여자대원의 큰언니였다. 저우바오중의 소개로 만나 결혼했으며 최용건이 중국인 간부들 사이에서 대접을 받을 수 있었던 것도 왕옥환 덕분이었다.[13]

최용건의 화려한 경력은 김일성을 대신해 북한을 통치했어도 손색이 없었다. 하지만 역사는 승자를 중심으로 쓰이는 법. 북한의 역사는 김일성에 충성하는 최용건의 모습만 그리고 있다.

김정은 국무위원장은 2016년 5월 6일 노동당 제7차 대회 개회사에서 항일혁명투사들을 일일이 호명하면서 최용건을 빠뜨렸다. 호명 기준을 알 수 없지만 김정은은 이날 최용건보다 못했던 김일, 최현, 오백룡, 오진우, 최광, 임춘추, 박성철, 전문섭, 이을설 등을 언급했다.

김일성이 회상한 최용건

나에게 최용건에 대한 이야기를 맨 처음으로 한 사람은 황포군관학교 졸업생인 박훈이었다. 중국 안도에서 반일인민유격대를 창건하고 훈련을 다그치던 때의 일이다. 그때 우리의 가장 큰 애로가 군사교관의 부족이었다. 유격대를 조직했다고 하지만 우리에게는 부대를 훈련시킬만한 군사전문가가 한 사람 밖에 없었다.

박훈은 나에게 손중산(손문)이 서거한 후 국공합작이 깨지면서 황포군관학교에 있던 조선청년들이 다 흩어졌는데 그 가운데 주목할 만한 인물은 최추해(최용건)라고 말했다. 최용건은 황포군관학교에 있을 때 훈련 교관을 했으며 한두 명만이라도 있으면 우리가 많은 도움을 받을 수 있겠는데 지금 어디가서 무슨 일을 하는지 모르겠다고 했다.

후에 알아보니 최추해는 최용건의 다른 이름이었고 최용건은 최추해 외에 김지강과 최석천이라는 이름도 가지고 있었다.

나는 최용건이 하바롭스크에 와 있다는 말에 가릴 것 없이 우리가 먼저 찾아가자고 했다. 내가 안길이를 앞세우고 숙소에 도착하자 최용건은 자리에서 일어나 한참 동안 나를 바라보았다. 그는 어깨가 쩍 벌어진 무관형의 사나이였다.

최용건은 혁명의 길에 나선 후 곡절을 많이 겪은 사람이다.

그는 제1차 국공합작(1924~1927)이 결렬되고 국민당에 의해 공산당이 탄압을 받자 북만주로 떠났다. 나는 최용건과 같은 군사전문가와 일찍부터 손을 잡지 못한 것이 여간 아쉽지 않았다. 김책이나 최용건과 같은 사람들이 동만주에 있었더라면 우리는 많은 일을 했을 것이다.

최용건은 백두산에 가서 싸우고 싶어 했다. 최용건이 백두산에 가서 싸우겠다고 절절하게 말한 것은 혁명을 해도 조선혁명을 하고 죽어도 조선을 위해 죽겠다는 애국심의 표현이었다. 왜냐하면 당시 중국 혁명을 하면서도 보람을 느꼈지만 어쩐지 변두리로 자꾸 밀려나는 것 같은 서글픈 감정에서 벗어날 수 없었기 때문이다. 최용건은 그 이후 동북항일연군 교도려에서 소원을 이루었다.[14]

최용건 경력

1900년 6월 22일	평안북도 염주군 하석리 출생
1922년	중국 윈난 육군 강무당 입학
1925년 4월	중국 황포군관학교 교관
1926년	중국 공산당 입당
1927년 12월	중국 만주로 이동
1936년	동북인민혁명군 정치위원
1938년 1월	동북항일연군 제7군 군장대리
1940년 4월	동북항일연군 제2로군 참모장
1942년 7월	동북항일연군 교도려 부참모장
1945년 7월	동북항일연군 교도려 중공 동북위원회 서기
1946년 2월	북조선임시인민위원회 보안국장
1948년 2월	조선인민군 총사령관
1948년 9월	초대 민족보위상(인민무력부장)
1955년 12월	당 정치위원회 위원,
	당 중앙위원회 부위원장
1957년 8월	민족보위상 해임
1957년 9월	최고인민회의 상임위원장
1972년 12월	국가 부주석
1976년 9월 19일	사망(76세)

김평일에 줄섰다가 숙청

김광협

최용건이 1957년 북한의 민족보위상(인민무력부장)에서 물러난 뒤 그 바통을 이어받은 사람은 그의 심복이었던 김광협(1915~?) 이다. 그의 사망 연도는 현재까지 알려지지 않고 있다. 부수상까 지 오르며 한때 권력 서열 6위까지 올랐다가 '반反 김일성' 세력으 로 몰리면서 하루아침에 숙청됐다. 1970년 노동당 제5차 대회에 서 당적이 박탈된 이후 행방불명됐다.

김광협은 김일성의 둘째 부인인 김성애의 오빠다. 이것이 김 일성의 아들 김정일에 눈엣가시였다. 김정일과 김성애의 사이가 나빠지면서 그 영향이 김광협에게 영향을 미친 것이다. 후계 결 정 과정에서 김광협은 김성애의 아들인 김평일을 지지했다. 외 조카를 지지하는 것은 당연했다. 당시 분위기나 김일성의 마음 이 김정일보다 김평일에 쏠리는 듯했다. 이를 강하게 반대하며 유일하게 김일성에 대든 사람이 최현이다.

김정일이 김평일에 쏠리는 분위기를 반전시킨 것은 1967년 노동당 제4기 제15차 전원회의다. 이 회의에서 김정일은 갑산파를 숙청했다. 갑산파는 1930년대 양강도 갑산군과 그 인근 지역에서 김일성의 항일무장투쟁을 도와준 사람들이다. 특히 김일성의 항일무장투쟁 가운데 최고봉으로 꼽히는 보천보전투를 도운 갑산파는 해방 이후 고위직에 올랐다. 대표적인 사람은 박금철(당 서열 4위), 이효순(당 서열 5위), 김도만 당 선전선동부장 등으로 숙청 당시 당내 실세들이었다. 이들이 숙청된 가장 큰 이유는 김일성 유일사상체계 확립에 장애가 됐기 때문이다. 당시 김정일의 나이는 25세. 갑산파 숙청 이후 그 여파로 항일빨치산 출신 가운데 일부 군인들도 함께 몰락의 길을 걸었다.

김광협이 그 가운데 한 사람이었다. 김광협은 항일빨치산 출신으로 1940년 동북항일연군 제2로군(군장 저우바오중) 정치위원으로 활동했다. 정치위원 자리는 최용건이 제2로군 총참모장으로 되면서 김광협에게 물려주었다. 같은 해 11월 소련 하바롭스크로 넘어갔으며 1942년 8월 동북항일연군 교도려 제4영 7연장(중대장)으로 군사훈련을 지휘했다. 그는 최용건이 동북항일연군 교도려 부참모장과 정치위원을 역임하자 동북항일연군 시절에 이어 더 각별한 사이가 됐다.

해방 이후 김광협은 김일성의 최측근인 강건(1918~1950) 등과 함께 중국 목단강 분견대를 인솔하고 목단강 지역으로 이동해 동북항일연군 경비사령부 부사령원으로 활동했다. 그는

1945년 9월 목단강시에 도착해 조선족 청년들을 모아 목단강 고려경찰대를 조직했다. 김광협은 동북인민자치군 목단강지구 부대 정치위원을 겸했다. 강건이 1946년 7월 북한으로 들어가 자 그가 맡았던 중공군 계열인 동북민주연군(동북인민자치군) 길림군구 연변군분구 사령원을 이어받았다. 동북인민자치군은 1945년 10월 31일 동북항일연군과 다른 부대들과 합쳐 만들 었으며 1946년 1월 14일 동북민주연군으로 개칭했다. 군대 명칭 이 정규군을 의미하는 8로군을 따르지 않고 자치군이 된 것은 중 공군의 만주 진주를 허용치 않은 중·소 우호동맹 조약(1945년 8월 14일 체결)을 염두에 둔 조치였다. 이때 강건, 김광협 등 조 선인 항일유격대원들이 연변·목단강 등지에서 만든 무장부대 들도 동북인민자치군에 편성됐다.[15]

김광협이 북한에 들어온 것은 1947년이다. 그 다음 해에 창 건하는 조선인민군의 제3혼성여단장을 맡았다. 조선인민군은 최용건 민족보위상 겸 총사령관, 강건 민족보위성 부상 겸 총참 모장, 김웅 제1사단장, 이청송 제2사단장 등으로 라인이 짜였다.

김광협은 6·25전쟁이 발발하기 이전에 중국 인민해방군의 조선인 부대(조선의용군)를 입북시키는 임무를 맡았다. 김일성은 1950년 1월 김광협을 중국에 보내 조선인 병사 1만 4,000여 명의 귀환을 요청했다. 마오쩌둥은 이를 수용했고, 구체적인 협상은 김 광협과 녜룽전聶榮臻인민해방군 총참모장 대리가 진행했다. 중국 전역에 흩어져 있는 조선인 병사들을 허난성河南省 정저우鄭州에 모이도록 한 뒤 부대를 꾸려 입북시키기로 합의했다.[16]

이 밖에도 조선의용군이 산발적으로 입북해 조선인민군에 흡수됐다. 조선의용군은 1950년 5월까지 총 5만 명 정도 들어와 조선인민군 전체의 3분의 1을 차지했다. 더욱이 이들은 중국에서 실전 경험을 풍부하게 가져 조선인민군 전력 강화에 크게 기여했다. 이처럼 중국이 조선의용군을 많이 보낸 것은 중국 공산당이 북한에서 받은 도움에 대한 보상 차원이다. 김일성은 1946년 봄 동북에서 국민당 군대를 상대로 악전고투하던 중국 공산당에게 10만 명이 무장할 수 있는 장비를 지원했다. 북한 내부에서 "우리 형편에 10만 명분은 과하다"며 "1만 명분만 보내자"는 주장이 많았지만 김일성은 "이왕 돕겠다면 성심성의껏 지원해야 한다. 성의에 많고 적음을 따지지 마라"며 뜻을 굽히지 않았다. 중국에 퍼주고 나면 정규군을 양성하기 위해 설립한 평양학원 학생들에게 나눠줄 무기가 부족하다고 해도 듣지 않았다.

김일성은 비밀을 보장하기 위해 무기 수송을 동북항일연군 출신 오백룡과 강상호에게 일임했다. 1946년 8월 26일 남양철도 경비대장이 탑승한 특별열차가 압록강 철교를 건너 중국 단둥에 진입했다. 김일성은 10만여 정의 총과 탄약 외에 교량과 철도 폭파에 쓰라며 일제 폭약도 보냈다. 일제가 함경북도 나진 질소비료공장에서 생산하던 황색 폭약은 당대 최고의 성능을 자랑했다.[17]

이러한 도움에 대한 보답 차원에서 조선의용군의 입북을 적극 추천했다. 이는 북한이 1948년 정부를 수립한 이후 군사력을 강화하는 데 매우 중요한 역할을 했다.[18]

김광협은 6·25전쟁 때는 강원도 일대로 쳐들어온 조선인민
군 제2군단장을 맡았다가 작전 실패로 해임됐다. 조선인민군
은 제1군단이 서쪽을, 제2군단은 동쪽을 맡아 파죽지세로 남
진했다. 문산과 의정부를 지나 제1군단은 3일 만인 6월 28일
서울을 차지했다. 제2군단은 동쪽으로 우회하면서 28일까지
수원을 점령하기로 했지만 이를 제대로 이행하지 못하고 27일
강원도 춘천을 점령한 뒤 홍천 쪽으로 남진했다. 제2군단은 춘
천에서 한국군의 강한 저항에 부딪혔다. 조선인민군 2사단의
공격을 한국군 6사단이 저지하며 버텼다. 여기서 조선인민군
2사단 병력의 40%가 사상을 당할 만큼 타격을 받았다. 당초
제2군단은 춘천을 25일 점령하고 바로 수원으로 향해야 했는
데 27일에야 춘천을 점령할 수 있었다. 28일까지 수원을 점령
하겠다는 계획은 실현되지 못했다. 이 때문에 김광협이 해임되
고 무정이 그 자리에 임명됐다.[19] 1951년 1월 김책 전선사령관이
갑작스럽게 사망하자 김광협이 그 자리를 이어받으면서 복권했
다. 전쟁 중에 전선사령관이 자다가 심장마비로 죽었기 때문에
당시 조선인민군 내에서는 여러 가지 소문이 있었다. 49세로 멀
쩡했던 사람이 김일성을 만나고 돌아온 뒤에 사망했기 때문이
다. 김책의 혁명 경력이 김일성 못지않고 정치적 능력이 출중하
니 김일성이 경계했을 것이고, 죽을 이유가 특별히 없으니 암살
일 수도 있다는 막연한 추측이다. 그리고 미 공군 비행기 폭격
을 받고 폭격 중 연탄가스(일산화탄소) 중독으로 급사했다는
설도 있다.[20]

김일성의 회고록 『세기와 더불어 8』에는 당시 상황을 다음과
같이 기록했다.

내가 그를 마지막으로 본 것이 1951년 1월 30일이다.
1951년 1월 말이면 최고사령부가 건지리에 있을 때이다.
그날 저녁 김책이 불쑥 나를 찾아왔다. 그가 하는 말이 지
난달 24일이 김정숙 동무의 생일이었는데 수상 동지가 적
적해 하시리라는 것을 알면서도 일이 바빠서 오지 못했다.
이달도 다 가는데 아무리 생각해 보아도 처신이 잘 된 것
같지 않고 또 그냥 있을 수도 없고 해서 찾아왔다고 하면서
걸음이 늦어진 것을 두고 사과했다. (중략)
그날 김책은 왜 그런지 기분상태가 김책이 답지 않게 감상
적이었다. 그가 나보고 산보를 하자고 하기에 우리는 산보
를 했다. 김책은 나에게 전쟁 전에는 이렇게 좋을 곳이 있는
줄 모르고 다니지 못했는데 전쟁이 끝나며 여기에 휴양소
를 하나 잘 짓자고 했다. 그가 그날 내 앞에서 뒤축이 꿰진
양말을 감추느라고 애쓰던 모습이 잊히지 않는다. (중략)
김책은 그날 저녁 나와 함께 식사를 하고 싶어 했다. 그런
데 허가이가 갑자기 내 앞에 나타나 당사업정형에 대해 보
고하겠다고 했다. 그가 나에게 외교를 하느라고 오랫동안
이런 말 저런 말을 하며 흐지부지하다보니 시간을 많이 보
냈다. 그래서 김책은 식사도 못하고 건지리를 떠나갔다.
그날 밤도 김책은 집무실에서 철야를 했다. 그러다가 심장
마비로 숨을 거두었다. 군의국장을 겸하고 있던 이병남
보건상이 그가 사망했다는 보고를 할 때 나는 그 사실을

조금도 믿으려 하지 않았다. 몇 시간 전까지 나와 이야기를 나누다가 돌아간 사람이 그렇게 갑작스레 세상을 떠났다는 것이 도저히 믿어지지 않았다. 호위성원들의 만류를 뿌리치고 대낮에 자동차를 달려 내각이 자리 잡고 있던 곳에 가보고서야 나는 이병남의 보고가 사실이라는 것을 알게 됐다. (중략)

김책이 서거한 다음 우리는 그를 영원히 추억하기 위해 그의 고향 가까이에 있는 성진시와 그의 심혈이 깃든 청진제철소 그리고 평양공업대학을 각각 김책시, 김책제철연합기업소, 김책공업종합대학으로 명명하고 인민군대의 한 군관학교도 그의 이름으로 부르기로 했다. 김책시에는 그의 동상도 세웠다.[21]

어쨌든 김광협은 6·25전쟁 이후 조선인민군 총참모장이 됐다. 김광협은 1957년 제2대 민족보위상에 오르면서 군인으로서 최고의 영예를 얻었다. 1958년에는 군사대표단장으로 소련, 중국, 체코, 베트남 등을 방문했다. 중국에는 마오쩌둥을 만나러 가는 김일성을 수행하며 방문했다. 당시 마오쩌둥은 우한武漢에 머무르고 있었기에 베이징을 거쳐 찾아갔다. 순탄하게 민족보위상을 지내던 차에 위기가 찾아온 것은 1962년이다. 그해 쿠바 미사일 위기의 발발로 북한은 1962년 12월 제4기 제5차 전원회의에서 경제건설과 국방건설을 병진하겠다고 발표했다. 김정은이 2013년부터 추진했다가 2018년 4월 전원회의에서 종료 선언을 한 경제건설과 핵무력 건설 병진 노선의 원조다. 김정일 국방위원장은 경제건설과 국방건설에 대한 고충을 1967년 7월 다음과 같이 표현했다. 당시 김정일은 노동당 선전선동부 과장이었다.

경제건설과 국방건설을 병진한다는 것이 간단한 일이 아니다. 경제건설과 국방건설의 병진노선을 관철하려면 전체 인민이 긴장되고 동원된 태세를 갖추고 한결같이 떨쳐나서 사회주의 건설의 모든 전선에서 혁명적 앙양을 일으켜야 한다. 세상에 경제건설과 국방건설을 하지 않는 나라는 없다고 말할 수 있다. 그러나 다른 나라들에서 하고 있는 것과 우리 당의 병진노선은 근본적으로 다르다. 우리 당이 내놓은 경제건설과 국방건설을 병진시킬데 대한 노선은 사회주의 경제건설을 계속 힘 있게 밀고 나가면서 그에 못지않게 국방건설에 큰 힘을 넣을 것을 요구하는 혁명적인 노선이다.

경제건설과 국방건설을 병진시켜 사회주의 경제건설의 높은 목표를 수행하면서 조국보위의 완벽을 기할 수 있도록 국방력을 강화하자면 한 사람이 두 몫, 세 몫을 해야 하며 생산과 건설을 평상시보다 두 배, 세 배의 높은 속도로 밀고나가야 한다. 그렇게 하지 않고서는 경제건설과 국방건설에서 나서는 방대한 과업들을 성과적으로 수행할 수 없다. 경제건설과 국방건설을 병진시킬데 대한 당의 노선을 관철하기 위한 투쟁에서 혁명적 대고조가 일어나지 않고 있는 것은 당조직들이 당원들과 근로자들을 사상적으로 옳게 무장시키지 못하고 그들을 힘 있게 조직동원하지 못한데 주요한 원인이 있다.

지금 정세는 당원들과 근로자들이 그 어느 때보다도 높은 혁명정신을 가지고 전투적으로 일하며 생활할 것을 요구하고 있으나 당사상 사업이 그에 맞게 진행되지 못하고 있다. 당사상 사업부문에 들어 앉아있던 반당수정주의 분자들은 당원들과 근로자들을 혁명적으로 교양하고 당정책 관철에로 불러일으킬 대신 사람들 속에 수정주의사상, 부르죠아 사상을 비롯한 나쁜 사상독소를 적지 않게 퍼뜨렸으며 당정책 선전도 제대로 하지 않았다.[22]

김광협은 경제·국방 병진정책을 도입하는 과정에서 당 지도부와 갈등을 빚었다. 구체적인 내용은 밝혀지지 않았지만 김광협은 그 정책에 소극적이었던 것으로 파악된다. 경제·국방 병진정책 속에 김일성의 우상화가 조금씩 스며들기 시작했기 때문이다.

그는 1962년 민족보위상을 끝으로 군 생활을 마쳤다. 그 이후 최용건처럼 정치인의 길을 걸었다. 1965년 4월 김일성의 수행원으로 인도네시아를 방문했고 1966년 10월 제2차 당대표자회에서 정치위원회 상무위원 6명 가운데 한 명으로 선출됐다. 그리고 연이어 1967년에는 내각 부수상으로 승진했다. 하지만 군복을 입었을 때보다 재미가 없었다.

1960년대 후반부터 불기 시작한 김일성 유일사상체계의 바람은 너무 거셌다. 여기에 후계자 문제가 겹치면서 김광협은 시련을 겪게 됐다. 설상가상으로 중국의 문화대혁명이 그에게 많은 오해를 불러 일으켰다. 홍위병들이 1967년 1월부터 그들이 발행하는 '둥팡훙東方紅'에 북한과 김일성에 소문들을 기사로 내보냈다. '김일성의 빨치산 동지 김광협이 쿠데타를 일으켰다', '다른 북한군 장성이 김일성을 체포했다' 등의 근거 없는 소문을 기사화한 것이다. 김일성은 급기야 그것이 사실이 아니라는 것을 보여줬다. 그는 1967년 3월 북한을 떠나는 평양 주재 쿠바 대사의 환송연에 참석했다. 평양 주재 외교관이 많이 참석하는 자리였다. 이 자리에서 김일성은 김광협을 대동했다. 국제사회에 '김광협이 쿠데타를 일으켰다고? 헛소문이야'라고 시위한 것이다.[23]

하지만 1970년 7월에 열린 당 제4기 제21차 전원회의에서 김일성 유일사상체계를 위한 사상 투쟁이 강조되면서 유일사상체계에 소극적인 자세를 보인 김광협은 역사에서 사라졌다. 그리고 1970년 11월에 열린 노동당 제5차 대회에서 당적이 박탈됐다. 김광협과 함께 숙청된 사람은 이영호 정치국 위원, 석산 부수상, 김익선 국가검열상 등이었다. 김일성은 이 숙청을 마지막으로 더는 집단 숙청을 감행하지 않았다. 유일사상체계가 어느 정도 자리를 잡아가고 있었던 것이다. 김일성 지도부가 항일빨치산 동지들까지 숙청하면서 얻어낸 결과였다. 항일빨치산 동지들에 대한 숙청은 다른 한편으로 보면, 김일성 유일사상체계에 저항하는 이는 누구라도 제거될 수 있다는 것을 보여줌으로써 유일사상체계가 북한 사회에 정착하는 데 적극 기여했다.[24]

김광협은 경제·국방 병진 노선과 김일성 유일사상체계 확립 등과 같은 제도적인 문제보다 자신의 외조카를 후계자로 옹립하려는 움직임 때문에 낭패를 본 것으로 추정된다. 1963년 자신의 동생인 김성애가 김일성과 결혼했지만 1964년부터 정치에 뛰어든 김정일을 우습게 본 것이다. 그 이후 김성애와 김평일에게 줄을 선 사람들은 하나둘씩 역사 속에서 사라져 갔다.

김광협 경력	1915년	함경북도 회령군에서 출생
	1940년	동북항일연군 제2로군 정치위원
	1942년 7월	동북항일연군 교도려 제4영 7연장
	1945년 8월	동북항일연군 경비사령부 부사령원
	1945년 9월	동북인민자치군 목단강지구 부대 정치위원
	1946년 7월	동북민주연군 길림군구 연변군분구 사령원
	1948년 2월	조선인민군 제3혼성 여단장
	1949년	조선인민군 총참모부 작전국장
	1950년 6월	조선인민군 제2군단장
	1951년	전선사령관
	1953년 8월	조선인민군 총참모장
	1957년 8월	민족보위상(인민무력부장)
	1960년 10월	내각 부수상 겸 민족보위상
	1961년 9월	조선노동당 정치위원회 위원
	1962년 10월	민족보위상 해임
	1964년 6월	조선노동당 중앙위원회 부위원장
	1965년 4월	김일성 수행원으로 인도네시아 방문
	1970년 7월	숙청

66

1956년 8월 종파사건 때보다 김창봉의 죄가 더 크다.

8월 종파사건은 주동자들이 뒤에서

쑥덕거리며 당의 유일사상체계를 헐뜯었지만

당의 군사노선을 건드리지는 않았다.

하지만 김창봉은 당의 군사노선을 전부 엎어놓았다.

김일성

99

청와대 습격 '1·21 사태' 배후
김 창 봉

3대 민족보위상(인민무력부장)은 김창봉(1919~?)이다. 김창봉 하면 떠오르는 장면은 1968년 1월 21일 청와대 습격 사건이다. 국가 원수를 시해하려던 사건이라 한국이 발칵 뒤집혔다. 북한 의 무모한 도발이 이 정도일 줄은 몰랐다.

이 사건은 북한 군부가 1968년 2월 8일 조선인민군 창군 20주 년 기념에 때 맞춰 한국의 박정희 대통령을 암살하려는 시도였다. 김일성에 대한 과잉 충성의 산물로 1970년대 초반까지 한국을 해방시키고 김일성의 환갑(1972년)을 서울에서 지낸다는 계획 이었다.

이후락 중앙정보부장이 7·4 남북공동성명을 위해 1972년 5월 평양을 방문했을 때 김일성 주석은 청와대 습격 사건에 대 해 "내부 좌익 맹동 분자들이 저지른 일이지 결코 내 의사나 당의 의사가 아니었다"고 사과했다. 그리고 김정일 국방위원장도 2002년 한국미래연합 대표 자격으로 방북한 박근혜에게 "미안한 마음이다. 그때 그 일을 저지른 사람들이 응분의 벌을 받았다"고 유감을 표했다.

김일성과 김정일이 그 일에 관여했는지의 여부는 전문가들 사이에 의견이 엇갈려 현재로서는 진실을 가리기가 어렵다. 다만 김일성과 김정일이 자신들은 모르는 일이고 '내부 좌익 맹동 분자', '그 일을 저지른 사람'으로 지적한 사람은 김창봉이다. 김일성이 지목한 '내부 좌익 맹동 분자'인 김창봉은 1919년 함경북도 경원군에 태어나 1938년 동북항일연군 제1로군 제5사에 소속돼 안길의 지휘 아래 항일빨치산 활동을 했다.

6·25전쟁에 참전해 1950년 12월 제12사단장, 1951년 4월 제8군단장을 역임했다. 1953년 7월 소장으로 진급해 제7군단장을 맡았다. 1959년 7월 조선인민군 총참모장에 임명됐고 1962년 10월부터 1968년 12월 숙청될 때까지 민족보위상을 맡았다. 민족보위상에 오른 김창봉은 과욕을 부렸다. 당시 군부는 김일성의 핵심 집단인 항일빨치산 출신들이 주도권을 쥐고 있었다. 지금과 달리 군대 내의 당의 유일사상체계가 정착되지 못했고 당의 군에 대한 통제도 허술했다. 한마디로 항일빨치산들은 기고만장했다.

때마침 조선인민군 창군 20주년 기념이 다가오자 '대형 사고'를 치고 싶었던 것이다. 그래서 계획한 것인 청와대 습격이었다. 이는 무장 게릴라 31명이 청와대 대통령 관저에서 500m 거리까지 잠입했다가 교전 끝에 27명이 현장에서 살해됐고 3명이 탈출했으며 1명이 생포되는 것으로 끝났다.

뿐만 아니라 청와대 습격 사건 이틀 뒤 북한은 원산 앞 공해상에 있던 미국 국가안전국(NSA) 소속 정보함 푸에블로호USS Pueblo를 나포했다. 생존한 승조원 82명과 유해 1구는 평양으로 압송된 후 사건 발생 약 11개월이 지난 그해 12월 23일 판문점으로 귀환했다. 미국은 항공모함과 구축함을 급파해 북한을 압박했지만 결국 영해 침범을 인정하고 북한과 승무원 송환에 합의했다.

김창봉은 청와대 습격의 실패로 별도의 문책을 받지 않았다. 당시 김창봉은 김일성의 막대한 신임을 얻고 있었고 군사 업무에 관한한 당의 간섭을 별로 받지 않았던 터라 그냥 넘어갔다. 문제는 김창봉과 대립각을 세우고 있던 김영주(김일성 동생) 당 조직지도부장이 김일성에게 이들의 비리를 보고하면서 터져 나왔다. 김영주는 김창봉이 호화 별장을 지어놓고 방탕한 생활을 한 행위, 특수 훈련을 이유로 군郡 인민위원회 등의 사무소를 습격한 행위, 심지어 인민위원장을 납치한 행위, 당의 지시와 명령에 불복한 반당 행위 등을 김일성에게 낱낱이 보고했다.

김창봉은 자신의 목에 칼이 들어오는 것을 예감하고 이를 만회하기 위해 더 무모한 행위를 저질렀다. 그것이 1968년 11월 울진·삼척지구 무장공비 침투사건이다. 하지만 이런 도발이 김창봉에게 도움이 되지 못했다. 오히려 김창봉은 1969년 1월 조선인민군 당위원회 제4기 제4차 전원회의에서 숙청됐다. 허봉학 대남비서, 최광 총참모장, 김철만, 류창권, 김양춘, 김정태 등도 숙청됐다. 김일성은 이 회의에서 "1956년 8월 종파사건 때보다 김창봉의 죄가 더 크다. 8월 종파사건은 주동자들이 뒤에서 쑥덕거리며 당의 유일사상체계를 헐뜯었지만 당의 군사노선을 건드리지는 않았다. 하지만 김창봉은 당의 군사노선을 전부 엎어 놓았다"고 비판했다.

인민군당위원회 전원회의에서는 지난 기간 민족보위성의 책임적위치에 들어 앉아있던 군벌관료주의자들이 저지른 죄행과 그 엄중성이 심각하게 폭로비판됐다. 지난 기간 군벌관료주의자들은 인민군대에 대한 당의 영도를 약화시키고 인민군대를 특수화했으며 당의 군사노선과 전략전술적 방침들을 사상적으로 접수하고 관철하지 않았다. 그리하여 인민군대의 강화발전에 커다란 해독을 끼쳤다.
수령님께서는 군벌관료주의자들이 끼친 해독적 후과를 빨리 가시고 인민군대의 전투준비와 전투력을 강화하기 위해서는 무엇보다 먼저 당조직과 정치기관들의 기능과 역할을 높여야 한다고 하시면서 당중앙위원회 조직지도부에서 인민군대안의 당조직과 정치기관들에 대한 지도를 잘해야 하겠다고 교시했다. (중략)
인민군대에 대한 당의 영도는 군대 안의 당조직과 정치기관들을 통해 실현된다. 그런데 군벌관료주의자들은 이러저러한 방법으로 당조직과 정치기관들의 기능을 약화시켰으며 군인들 속에서 정치사상 사업을 제대로 하지 못하게 방해했다. 그들은 직권을 악용해 당조직과 정치기관들을 제쳐놓고 사업에서 전횡과 독단을 부렸다. 인민군대에서 중요한 정치군사적 문제들은 모두 당위원회에서 토의하게 돼 있으나 군벌관료주의자들은 그런 질서를 무시하고 간부들을 망탕 처벌하게 떼버렸으며 전투준비와 관련한 당의 방침들을 제 마음대로 뒤집어엎는 행동을 했다.

그들은 당조직과 정치기관들을 자기 손에 틀어쥐고 좌지우지했을 뿐 아니라 총정치국이 당중앙위원회의 해당 부서들과 연계를 가지지 못하도록 함으로써 당중앙위원회의 지도와 통제를 거부했다. (중략)

수령님께서는 이번에 인민군대안의 당정치사업을 강화하기 위해 연대에까지 정치위원제를 내오도록 했다. 인민군대에 정치위원제도를 전반적으로 내오도록 한 것은 정치기관들의 권위를 높이고 당정치사업을 강화해 당의 군사노선과 방침들을 정확이 관철할 수 있게 하는 매우 정당한 조치다.

인민군대 간부들이 정치위원제도에 대한 올바른 인식을 가지도록 하는 것이 필요하다. 일부 지휘관들 속에서 지금 있는 정치부장이나 정치연대장은 무엇이고 정치위원은 무엇인가고 물어보는 사람들이 있다고 하는데 정치부장, 정치연대장과 정치위원은 임무와 역할이 서로 다르다. 정치부장이나 정치부연대장은 당일군이고 정치일군이지만 당의 대표는 아니다. 그러나 정치위원은 부대에 파견된 당의 대표이다. 정치위원은 해당 부대의 당 및 정치책임자로서 지휘관의 사업을 당적으로, 정치적으로 보장할 임무를 지고 있다. 이와 함께 정치위원은 군사지휘관이 당의 노선과 정책에 어긋나는 결론을 하거나 명령을 내릴 때에는 그것을 거부하고 저지시킬 수 있는 권한도 가지게 된다. 이것이 정치위원제의 중요한 특징이라고 말할 수 있다. (중략)

총정치국은 인민군대안의 당정치사업을 통일적으로 조직 진행할 임무를 지니고 있으며 인민군대의 당정치사업에 대해 당중앙위원회 앞에 책임을 지고 있다. 총정치국 일군들은 총정치국의 위치와 임무의 중요성을 언제나 명심하고 자기 사업을 책임적으로 잘해야 하겠다. 총정치국에서는 당면해 인민군 당위원회 제4기 제4차 전원회의의 문헌 접수 토의사업을 잘 조직해야 하겠다. 인민군 당위원회 전원회의에서 하신 수령님의 교시 내용을 간부들과 당원들에게 철저히 인식시키고 그에 근거해 당조직들에서 토의사업을 실속 있게 하도록 지도해야 한다. 총정치국 일군들은 이번 인민군 당위원회 전원회의에서 폭로 비판된 결함들을 빨리 고치고 낡은 틀에서 벗어나 사업을 활기 있게 전개해 나가야 한다.[25]

김창봉 숙청 이후 군대에 유일사상체계 확립을 위한 정치위원제가 실시됐고 중대 단위에는 정치지도원이 파견됐다. 군대 내 모든 명령서에는 군사 간부 혼자서 서명하지 못하고 정치위원이 서명해야 효력이 발생했다. 이를 계기로 정치위원·정치지도원이 소속된 당 조직지도부는 군대에 대한 당 사업을 완전히 장악했고 조직지도부에서 군대 내 정치 일꾼들을 담당하는 부부장과 담당과를 신설했다.

북한 당국이 여러 가지 숙청 이유를 대고 있지만, 실제 이들이 숙청된 이유는 김일성 유일사상체계 확립에 협조하지 않았기 때문이다. 군 수뇌부의 상당수 인물들이 1967년 이후 김일성 개인숭배와 유일체계사상 형성이 본격화되는 상황을 보고 반감을 가졌던 것으로 보인다.

1968~1969년 숙청은 실제로 김일성 유일사상체계와 김정일 유일지도체제에 반대하는 인물들에 대한 응징의 성격을 갖고 있었다. 김정일은 김일성 유일사상체계를 형성하는 데 적극 나서면서 후계자로 부상하고 있었다. 이러한 김정일의 부상에 대해서 군 수뇌부에서 거부감이 있었고. 이들에 대한 책벌이 숙청의 원인이었던 것이다.[26]

김창봉의 숙청은 1967년 박금철, 이효순 등 갑산파 제거에 이어 두 번째 항일빨치산에 대한 숙청이며 1970년에 있을 세 번째 항일빨치산 숙청의 징검다리가 됐다. 세 번째 항일빨치산 숙청 때 2대 민족보위상인 김광협이 포함됐다. 이로써 항일빨치산 가운데 김일성 직계인 동북항일연군 제1로군 출신 항일빨치산들만이 북한 정치에 남게 됐다. 최현 민족보위상, 오진우 총참모장, 한익수 총정치국장 등이 그들이다.

김창봉 경력

1919년	함경북도 경원군 출생
1938년	동북항일연군 제1로군 제5사
1942년	동북항일연군 교도려 정찰대원
1946년 4월	동북민주연군 길동군구 간부
1950년	조선인민군 제12사단장
1951년	조선인민군 제8군단장
1953년 7월	조선인민군 제7군단장
1956년 7월	조선인민군 제5군단장
1959년 7월	조선인민군 총참모장
1962년 10월	민족보위상
1966년 10월	내각 부수상 겸 민족보위상
1968년 12월	내각 부수상 겸 민족보위상 해임
1969년 1월	숙청

최현은 일평생 비관을 모르고 살아온 낙천가였으며

어떤 폭풍 속에서도 기죽지 않고

앞으로만 돌진해 온 탱크 같은 사나이였다.

김일성

최현 동지는 항일무장투쟁시기부터 한생을

총대로 수령님과 당을 받들어 온 백전노장이다.

김정일

김일성·김정일의 총대 전우

최 현

"수령님(김일성), 김정일 동지를 후계자로 삼아야 합니다."

이 말이 북한의 역사를 바꾸게 될 줄을 누가 알았을까. 이 말을 굳이 비교하자면 권터 샤보프스키 동독 선전담당 비서가 '지체 없이 지금부터'라는 한 마디로 베를린 장벽을 무너뜨린 것과 비슷하다고 할 수 있다.

이 말의 주인공은 최현(1907~1982) 인민무력부장이다. 지금 최용해 노동당 정치국 상무위원이자 국무위원회 부위원장의 아버지다. 최용해는 최현의 차남이다. 북한은 1972년 12월 사회주의 헌법을 채택하고 최고인민회의 제5기 제1차 회의를 통해 민족보위성을 인민무력부로 변경했다. 따라서 최현은 1969년 1월 제4대 민족보위상에 올랐다가 1972년부터 변경된 인민무력부장을 맡았다.

최현은 1960년 후반 김일성 후계자 문제를 놓고 치열한 권력 싸움을 벌일 때 끝까지 김정일을 옹립했다. 당시 분위기는 김일성과 둘째 부인 김성애 사이에 태어난 김평일에 쏠려 있었다. 김일성도 김성애의 입김 탓에 누구를 후계자로 정할지 고민하고 있을 때였다. 최현은 권총을 들고 다니면서 김평일을 지지하는 사람들을 협박했다. 하지만 더 중요했던 것은 김일성의 귀에 얘기를 하는 것이었다. 당시 절대 권력자 김일성의 마음을 돌리려면 목숨을 걸어야 했던 시절이었다. 다들 김일성의 눈치를 보던 시절에 최현이 나선 것이다. 최현은 김일성과 사적으로 자유롭게 얘기할 수 있는 유일한 사람이었다.

김일성은 다른 사람은 몰라도 최현의 말은 귀담아 듣는 사람이었다. 김일성은 자신의 회고록 『세기와 더불어 6』의 첫 장에 최현과 찍은 사진을 게재했고, 4권에는 '백전노장 최현'이라는 제목으로 35페이지를 할애해 그를 추억할 정도로 각별한 사이였다.

두 사람은 1933년 9월 중국 왕청현 소왕청 마촌에서 처음 만났다. 둘 다 모두 동북인민혁명군(훗날 동북항일연군) 제2군장 왕더타이王德泰 밑에 있을 때였다. 『세기와 더불어 4』에 최현이 비록 5살 위였지만 최현은 김일성을 처음 만났을 때 '김일성 대장님'이라고 불렀다고 적혀 있다. 초면이라 그럴 수 있고, 김일성 우상화에 따라 조작했을 수도 있다.

이렇게 만난 두 사람은 서로 깊은 전우애를 나누었고 최현은 '김일성의 남자'가 됐다. 김일성이 회고록에서 최현에 대해 서술한 부분은 다음과 같다.

"최현은 매우 솔직하고 소탈한 사람이다. 그는 보는 대로 말하고 생각나는 대로 표현하는 사나이다."

"최현은 일평생 비관을 모르고 살아온 낙천가였으며 어떤 폭풍 속에서도 앞으로만 돌진해온 탱크 같은 사나이였다."

최현은 김일성이 1942년 7월 동북항일연군 교도려 제1영 영장(대대장)을 맡을 때 그 밑에서 경리소대장으로 활약했다. 경리소대는 몸이 불편한 병상자들로 구성돼 주로 대대의 보급품 운반 등 후방 지원 업무를 담당했다. 최현은 성격이 거칠고 무식했으나 군사 활동에서는 돋보였다. 하지만 정치군사적 지식을 갖추지는 못했다. 그래서 해방 이후 활동도 보안간부훈련소 연대장과 1948년 7월부터 내무성 산하 38선 경비 제3여단장 등 군대에 국한됐다.

6·25전쟁에는 조선인민군 제2사단장으로 참전해 제2군단장까지 승진했다. 그는 1955년 12월 민족보위성 부상으로 승진한 뒤 당 중앙군사위원회 부위원장, 당 군사부장을 거쳐 1969년 민족보위상에 올랐다. 그는 김일성의 최대 위기였던 1956년 8월 종파사건 때 김일성을 결사옹위했다. 이 사건 이후 김일성은 최현에 대한 고마움의 표현으로 그를 '충신'이라고 불렀다. 이때부터 지금까지 최현 집안은 '충신 집안'으로 불린다.

후계자 논의는 1971년 11월 당 제5기 제3차 전원회의에서 공식적으로 제기됐다. 하지만 김일성이 이를 제지하면서 일단 보류했다. 최용건 전 민족보위상, 김영주(김일성 동생) 당 조직비서, 김일 당 비서 등이 1972년 6월 정치위원회에서 재차 김일성에게 의견을 올렸다. 하지만 퇴짜를 맞았다. 김일성은 김정일이 서른 살 밖에 되지 않았다고 반대 이유를 계속 밝히고 다른 사람을 찾아볼 것을 주문했다. 항일 원로들은 김일성이 김평일에게 마음이 가 있다는 것을 눈치챘고 어쩔 수 없이 김일성의 결심을 기다릴 수밖에 없었다. 미적거리는 김일성을 찾아가 이를 뒤엎은 사람이 최현이었다.

최현은 1972년 김일성에게 독대를 신청해 김정일의 실력을 하나둘씩 열거했다. 김정일은 1967년 노동당 제4기 제15차 전원회의에서 박금철, 이효순 등 갑산파를 숙청하는 데 큰 역할을 했다. 이 회의를 계기로 조선노동당 내에 김일성 주체사상으로 유일사상체계를 구축하는 데 중심이 됐다며 그를 띄웠다. 그 외에도 당 선전선동부 문화예술지도과장으로 문화예술 부문을 지도해 '백두산창작단', '피바다가극단', '만수대창작사' 등을 만들어 북한 문화·예술계에 돌풍을 일으켜 1970년 당 선전선동부 부부장으로 승진한 점도 내세웠다.

최현의 '무데뽀' 덕인지 김정일은 마침내 1973년에 개최된 당 제5기 제7차 전원회의에서 조직지도부장 겸 조직비서, 선전선동부장 겸 선전비서에 올랐다. 그리고 1974년 2월 열린 당 제5기 제8차 전원회의에서 후계자로 추대됐다.

최현에 대한 김정일의 고마움은 어땠을까? 은인이자 평생 보답해야 할 사람이었을 것이다. 김정일은 최현이 사망한 지 2년 뒤 1984년 그를 주인공으로 하는 '혁명가'라는 영화를 만들어 전국에 보급했다. 최현에게 감사하는 마음은 최현의 아들 최용해로 이어졌고, 김정일 사망 이후에는 김정은이 아버지의 마음을 이어받아 최용해를 곁에 두고 있다. 최용해는 현재 당 서열 3위이며 장성택이 사망한 이후 김정은이 의지할 수 있는 유일한 사람이다.

"김정일 조직비서동지께서 건강하시오?"

최현 인민무력부장이 1982년 사망할 즈음에 병상에서 그를 문병 간 사람들에게 이렇게 물었다고 김일성의 회고록 『세기와 더불어 4』에 기록돼 있다. '김정일 바라기'였던 최현은 자신이 '강추'했던 김정일이 후계자로 잘 성장하고 있는지 궁금했던 모양이다. 김정일은 1980년 노동당 제6차 대회에서 정치국 상무위원이 되면서 공식적으로 후계자로 임명됐다.

최현이 1969년부터 1976년까지 인민무력부장을 맡는 동안 세운 가장 큰 업적은 김정일을 후계자로 만든 것이다. 김일성은 "김일·최현·임춘추는 김정일 동무를 우리 당과 국가의 수위에 추대하는 데서 선구자의 역할을 한 사람"이라고 직접적으로 칭송했다.[27] 최현이 인민무력부장을 맡았던 때는 김일성의 유일사상체계와 김정일의 유일지도체제를 다져가던 시기로 북한군에 큰 변화가 없었던 시기였다.

아울러 1972년 7·4 남북공동성명이 발표되는 등 데탕트 무드가 한반도에 조성돼 남북한에 군사적 긴장상태가 완화돼 있었다. 최현은 1976년 5월 오진우에게 인민무력부장을 넘겨주었고 1980년 10월 노동당 제6차 대회에서 당 정치국 위원과 당 중앙군사위원회 위원으로 선출됐다. 그리고 2년 뒤 사망했다.

최현은 잠을 잘 때 베개 대신에 목갑총을 베고 자는 것으로 유명하다. 어렸을 때는 목침을 베고 잤는데 항일혁명을 하면서 내내 총을 베고 잔 것이 버릇이 돼 버렸다. 김정일이 그 이유를 물어봤을 때 최현은 "그래야 잠이 잘 온다"고 답할 정도였다. 최현이 인민무력부장을 맡을 때의 나이는 환갑을 넘긴 62세였다. 전임 인민무력부장을 맡은 최용건은 48세, 김광협은 42세, 김창봉은 43세였다. 최현은 김정일에게 "제가 이제는 환갑을 넘겼고 또 구식 싸움은 해 봤어도 현대전이야 모른다"고 말했다. 유격전은 자신 있었으나 첨단 과학기술로 장비된 무기와 정예화된 병력이 참가하는 현대전은 최현에게 고민거리였다. 그래서 최현은 군사 대표단 단장으로 외국을 나가기도 했다.[28]

영화 '혁명가'에서도 그려졌듯이 최현은 삼국지 장비의 이미지뿐만 아니라 인간적이고 의협심이 강하며 의리가 있는 사람이었다. 이는 최현에 대해 탈북민들이 이구동성으로 하는 표현이다. 김일성도 자신의 회고록에서 최현을 최대한으로 미화했다. 최현은 군사뿐 아니라 정치에도 밝은 지휘관이었고, 유능한 군사작전가, 노숙한 정치일꾼, 세련된 선동가였다고 평가했다. 아울러 최현을 싸움꾼으로만 본다면 그것은 근시안적인 평가라고 덧붙였다.

최현의 며느리 서옥연은 시아버지가 영화애호가였다고 회고했다. 서옥연은 최현의 장남 최용택의 부인이다. 최현이 영화를 좋아하니까 김정일이 영사기를 선물로 주고 집에 영사실도 설치해 줘 멀리 가지 않고 영화를 보게 됐다. 최현이 제일 좋아하는 영화는 전쟁영화였다. 김일성은 북한 영화뿐 아니라 다른 나라 영화들까지 보고 난 뒤 최현에게 보내줬다. 서옥연은 "남들은 시아버지를 무섭다고들 했는데 '시아버지의 사랑은 며느리'라는 말이 있듯이 저는 15년을 모시고 살면서도 언제 한번 성내거나 언짢은 기색도 못보고 살았다"고 말했다.

최현은 집에 찾아온 손님은 밤이건 새벽이건 붙잡아서 식사를 시켜 보냈다. 하지만 자식들의 행동이 마음에 들지 않으면 그 자리에서 꾸중했다. 서옥연은 "한번은 시동생 최용해가 먼저 출근하면서 최현에게 인사를 하고 돌아서는데 걸음걸이가 마음에 들지 않았는지 몇 번이고 반복 동작을 시켜 하마터면 지각까지 할 뻔 했다"고 기억했다.[29]

최현이 사망한 뒤 노동신문에 미스터리한 사진 한 장이 실렸다. 노동신문은 1982년 4월 11일자 4면에 최현의 시신 앞에 김일성 등 주요 간부들이 애도를 표시하면서 머리를 숙인 장면을 게재했다. 김일성을 중심으로 김일, 오진우, 김정일, 이종옥 등 정치국 상무위원들이 배석했다. 여기서 눈에 띄는 장면은 김정일만이 머리를 숙이지 않고 정면을 똑바로 응시하고 있는 모습이다. 존경에 사무쳐서인지 섭섭한 점이 있었는지 현재로서는 정확히 알기 어려워 궁금증이 남는 대목이다.

김정일은 2008년 4월 인민무력성 혁명사적관을 방문해 새로 꾸민 '최고사령관과 전우관'을 둘러보고 "최현 동지는 항일무장투쟁시기부터 한생을 총대로 수령님과 당을 받들어 온 백전노장"이라고 말했다.

김일성이 회상한 최현

최현은 일평생 비관을 모르고 살아온 낙천가였으며 어떤 폭
풍 속에서도 기죽지 않고 앞으로만 돌진해 온 탱크와 같은 사
나이였다.

그가 사랑한 사람들은 솔직한 사람, 단순한 사람, 근면한 사
람, 대담한 사람, 성실한 사람, 통이 큰 사람, 뒷소리를 하지
않는 사람, 필요한 결심을 내릴 줄 아는 사람 등이다. 그가 제
일 싫어한 것은 아첨쟁이, 비겁쟁이, 건달쟁이, 수다쟁이였다.
그는 주머니를 12개씩이나 가지고 있는 사람들을 경계했다.

그는 이름난 장기광이라는 것은 온 나라가 다 아는 사실이다.
최현은 장기 경기에서 한번 지고 나면 밥맛을 잃을 정도로 분
해했다. 그러나 누군가 그의 기분을 좋게 해주느라고 슬쩍 지
거나 비겨주면 그보다 더 불쾌해했다. 최현은 전국에서 첫 손
가락에 꼽히는 영화애호가였다. 그가 영화를 얼마나 좋아했
던지 김정일 조직비서는 그에게 영사기까지 보내줬다. 최현이
제일 좋아하는 영화는 전쟁영화였다. 그러나 그는 사람이 너
무 많이 죽는 전쟁영화는 싫어했다.

최현은 군사에만 밝은 것이 아니라 정치에도 밝은 지휘관이
었다. 그를 싸움꾼으로만 본다면 그것은 근시안적인 평가라고
말할 수밖에 없다. 최현을 평가할 때에는 항상 그가 무관이기

전에 유격대 정치지도원 경력과 노동당 정치국 위원 경력을 가진 유능한 정치 일꾼의 한사람이었다는 것을 명심해야 할 것이다.[30]

최현 경력

1907년 6월 8일	중국 훈춘시 출생
1932년 7월	중국 연길현 적위대 가입
1936년	동북항일연군 제2군 제1사 1단장(연대장)
1946년	보안간부훈련소 연대장
1948년 7월	내각 내무성 38선 경비 제3여단장
1950년 6월	조선인민군 제2사단장, 제2군단장
1955년 12월	민족보위성 부상
1958년 4월	내각 체신상
1966년 10월	노동당 정치국 위원
1969년 1월	민족보위상
1972년 12월	인민무력부장
1976년 5월	인민무력부장 해임
1977년 12월	국방위원회 부위원장
1980년 10월	노동당 정치국 위원
1982년 4월 9일	사망

"

김정일과 오진우의 관계는 노동당과 군대와의 관계다.

김일성

나와 오진우는 수령님(김일성)과 김책의 관계와 똑같다.

김정일

"

19년 최장 재임
오진우

제5대 인민무력부장은 오진우(1917~1995)다. 1976년부터 사망할 때까지 19년 동안 인민무력부장을 맡았다. 1948년 조선인민군 창건 이래 최장 재임이다. 재임 기간으로 따지면 2위인 김일철 제7대 인민무력부장(11년)보다 8년을 더했다. 깡마른 얼굴에 호전적인 생김새와 판문점 도끼 만행 사건(1976년), 아웅산 테러(1983년) 등에 직간접적으로 관련돼 한국인들에게 깊이 각인되어 있어서 북한 인민무력부장하면 제일 먼저 떠오르는 인물이 바로 오진우다.

국방위원회 제1부위원장, 총정치국장, 총참모장, 조선인민군 원수 등을 역임해 군부 내에서 김일성·김정일 다음 가는 넘버 3였다. 노동당에서도 마찬가지였다. 1980년 노동당 제6차대회에서 정치국 상무위원이 된 이후 사망할 때까지 그 자리를 지켰다.

김정은 국무위원장은 2016년 5월 노동당 제7차 대회에서 개회사를 읽으면서 항일혁명투사들 가운데 김일, 최현, 오백룡, 오진우, 최광, 임춘추, 박성철, 전문섭, 이을설 등 9명을 거명했다. 수많은 항일혁명투사 가운데 이들을 언급한 기준은 알 수 없지만 인민무력부장 가운데 최현, 오진우, 최광이 포함됐다.

일복이 많은 탓에 오진우는 인민무력부장에 임명된 지 3개월 만에 8·18 도끼만행 사건을 처리해야 했다. 1976년 8월 18일 오전 11시께 판문점 공동경비구역 내 사천교 근방에서 미루나무 가지치기 작업을 하던 유엔사 경비병들을 북한군 수십 명이 도끼 및 흉기로 구타, 살해한 사건이다.

미국은 사건 다음날인 19일 북한군의 행위를 비난하며 휴전 후 처음으로 전쟁 준비 태세인 데프콘2를 발령하고 미드웨이 항모전단, F-111 전폭기 20대, B-52 폭격기 3대 등을 한반도에 배치했다. 여차하면 북한을 초토화하겠다는 강한 의지였다. 북한도 이에 질세라 전 군대와 예비군인 노농적위군 등 북한의 모든 정규군과 예비군 병력을 전투태세에 돌입시켰다.

하지만 이 사건은 그리 오래가지 않았다. 한미 연합군이 사건 발생 사흘 뒤인 8월 21일 북한에 사전 경고한 뒤 문제의 미루나무를 절단하면서 끝났다. 미국은 당시 대선이 한창인 데다 베트남 전쟁이 막 끝난 시점이어서 한반도에서 전쟁을 원하지 않았다. 그래서 미국은 책임 주체가 명시되지 않은 김일성의 유감 표명을 받아내고 이 사건을 서둘러 수습했다.

오진우는 돌발 사태에 제대로 대응하지 못했다. 1968년에 발생한 푸에블로호 사건 이후 8년 만에 발생한 미국과의 대치 상황에 겁부터 났던 것일까. 미군이 막강한 화력을 한반도에 배치해 놓고 미루나무를 자르겠다고 경고하자 보고만 있을 수밖에 없었다. 미군이 확전을 하려고 하지 않은 것만으로도 감사해야 할 상황이었다. 위기를 넘긴 오진우는 절치부심했다. 하지만 더 급한 일이 생겼다. 김정일의 군에 대한 지도권 확립을 돕는 일이었다. 후계자가 된 김정일이 노동당을 장악한 뒤 군대를 장악하려는 시기였다. 하지만 군대는 노동당보다 쉽지 않았다.

오진우는 1970년대까지 김정일보다는 김일성의 사람이었다. 오진우는 함경남도 북청군의 빈농 가정에서 태어나 아버지를 따라 일제 통치시기에 살길을 찾아다니다 중국 왕청현 소북구에 정착했다. 오진우가 김일성을 만난 것은 1932년 10월 소북구에서다. 당시 오진우는 소북구 아동단 지도원이었고, 김일성은 북한이 1932년 4월 창설했다고 주장하는 반일인민유격대를 이끌고 소북구를 찾았다. 북한은 그곳에서 김일성이 소북구 아동단 지도원이었던 오진우의 등을 두드려주었다고 선전하고 있다.[31] 이후 오진우는 1938년 저우바오중이 이끄는 동북항일연군 제2로군 군관이 된 이후 김일성과 평생을 함께 했다.

김일성과 김정일이 오진우를 회상하면서 자주 언급했던 내용이 그가 왕청빨치산 출신이라는 점이다. 오진우가 1981년 7월 잠시 요양생활을 하다가 다시 업무로 복귀했을 때 지방에서 현지지도하던 김정일이 그를 불렀다. 지방으로 달려간 오진우에게

오진우(왼쪽) 인민무력부장이 김정일 국방위원장과 회의를 하고 있다.

김정일이 요양치료 상황에 대해 물어 본 뒤 방으로 데리고 갔다. 그 방에는 다른 사람들도 있었다. 김정일이 오진우에게 항일빨치산 시절 산에서 싸웠던 이야기를 들으려고 불렀다고 설명했다. 김정일은 평소에 자주 오진우에게 항일무장투쟁 시기의 얘기를 요구했다. 더 이상 새로운 얘기가 없어도 김정일은 자주 보챘다고 한다.[32]

해방 이후 1948년 2월에 조선인민군이 창군되면서 인민군 제3혼성여단의 참모장을 맡았고 1950년 6·25전쟁 당시는 조선인민군 제43사단장, 최고사령부 부참모장, 제6군단 참모장, 근위서울 제3사단장으로 참전했다. 전쟁 이후 1954년 인민군 제3사단장이 됐고 1967년부터 1969년까지 총정치국장을 맡으면서 김일성의 신임을 얻었다. 1968년 말에는 김창봉 인민무력부장 등 군 수뇌부에 대한 대대적인 숙청 작업의 실무 책임을 맡았다. 그 성과로 그는 1969년 총참모장에 올랐다. 당시 군 서열은 지금과 달리 인민무력부장 - 총참모장 - 총정치국장 순이었다.

1970년대 군대 내에서 김정일의 사람이라고 할 수 있는 사람은 혁명 2세대로 오극렬, 김두남, 김강환, 최상욱 정도였다. 이들은 김일성 사망 이후 김정일의 최측근이 된다. 하지만 김일성의 사람이었던 오진우는 대부분의 사람들이 김정일을 '당중앙'으로 호명하던 시기에 당중앙에 대한 언급을 피하는 등 그에 대해 소극적인 태도를 취했다. 김정일이 1973년부터 노동당을 장악해 돌풍을 일으키면서 진행하는 '독주' 혹은 '전횡'이 부담스러웠던 것이다.

오진우가 '김정일의 남자'가 되는 시점은 1977년 11월이다. 김일성은 군대 장악에 어려움을 겪는 김정일을 지원하기 위해 조선인민군 제7회 선동원 대회를 열었다. 그 자리에서 '인민군 10대 준수사항'을 제시하면서 군대에서 김정일의 유일지도체제 구축을 위해 그의 결정을 철저히 준수할 것을 지시했다.

이 연설이 있은 이후 1978년 인민군 창건일이 2월 8일에서 4월 25일로 변경됐고, 그 이듬해인 1979년부터 김정일이 군을 장악하기 시작했다. 4월 25일은 김일성이 1932년 중국 만주 안도현에서 반일인민유격대(1934년 조선인민혁명군으로 변경)를 창건했다고 주장하는 날이다. 김정일은 조선인민군이 항일혁명 전통을 계승한 군대임을 강조함으로써 항일무장투쟁에 참가했던 군 수뇌부들로부터 큰 지지를 얻었다. 서철 조선인민군 총 정치국장이 1978년 4월 25일 조선인민군 창건 기념 중앙보고 대회에서 다음과 같이 밝혔다.

> 지금으로부터 46년 전 위대한 수령 김일성 동지께서 조선 인민혁명군을 창건하심으로써 자기의 세기적 숙망이 빛나 게 실현됐으며 바로 이때로부터 우리의 참다운 혁명무력 의 영광스러운 역사가 시작됐다. (중략) 1932년 4월 25일 일제를 반대하는 선진적인 노동자, 농민, 애국청년들로서 항일무장 대오를 결성하시고 조선인민혁명군 창건을 온 세상에 선포했다. 조선인민혁명군의 창건은 우리나라 반 일민족해방투쟁과 공산주의 운동 발전에서 새로운 혁명적 전환을 가져오게 한 위대한 사변이었으며 자체의 상비적 무력에 의거하여 벌려나가는 식민지 민족해방혁명의 새 시 대를 알리는 역사의 장엄한 선언이었다.[33]

김정은 국무위원장은 이를 다시 원래대로 돌려놨다. 2월 8일 은 조선인민군 창건일, 4월 25일은 조선인민혁명군 창건일로 구분해 명명했다.

오진우는 김정일을 후계자로 키우려는 김일성의 마음을 읽은 뒤 김정일에 대한 소극적인 자세를 적극적으로 바꾸었다. 그 이후 오진우는 사망할 때까지 최현의 뒤를 이어 김정일을 후계자로 안착하는 데 주도적인 역할을 했다. 그 결과 1992년 4월 조선인민군 원수를 수여받았다. 현재로 조선인민군 원수를 수여받은 사람은 오진우, 최광, 이을설, 김영춘, 현철해 등 5명이다. 북한은 오진우를 "김정일 동지를 가장 가까이에서 보좌했다"고 기록했다.

오진우는 인민무력부장 가운데 1면에 부고가 실리는 두 번째 사례였다. 첫 번째는 최용건 제1대 인민무력부장이다. 제2대 김광협, 제3대 김창봉 등은 정치적 숙청으로 언제 사망했는지 알려지지 않았고 제4대 최현은 노동신문 2면에 실렸다. 최용건·오진우가 1면에 실린 것은 조선인민군의 창건과 발전에 기여한 공로가 남달랐기 때문이다. 김정일은 "나와 오진우는 수령님(김일성)과 김책 관계와 똑같다"고 표현한 적이 있다. 김일성은 김정일과 오진우의 관계를 '당과 군대와의 관계'라고 극찬할 정도였다.

북한은 2009년 오진우의 말년을 소재로 한 2부작 예술영화 '백옥'을 제작해 그가 사망한 날 즈음에 방영했다. 오진우를 '백옥'에 비유한 것은 그의 삶이 당과 수령을 변함없이 순결하게 끝까지 받들었다는 의미에서다. 아울러 김정일은 오진우와 똑같은 흰 양복과 흰 구두를 신고 기념사진을 찍은 적이 있다. 당시 김정일은 "나는 위대한 수령님(김일성)을 받들어 모시는 전사의 충성심은 언제나 티 없이 맑고 깨끗한 것이어야 한다는 뜻에서 양복과 구두의 색깔을 흰색으로 선택했다"고 언급했다. 여기서도 김정일은 오진우를 흰색에 비유했다. 김정일은 오진우가 사망한 뒤 종전과 달리 그의 반신상을 빨리 제작해 대성산 혁명열사릉에 안치했다. 그의 아들은 오일정 전 노동당 민방위 부장으로 현재는 노동당 중앙위원회 부부장으로 소개되고 있다.

오진우 경력	1917년 3월 8일	함경남도 북청군 출생
	1932년	중국 왕청현 소북구 아동단 지도원
	1933년 10월	반일인민유격대 입대
	1946년 6월	중앙보안간부학교 군사부교장
	1948년 2월	조선인민군 제3여단 참모장, 제3여단장,
		제4여단장, 제3군관학교 교장
	1950년 6월	조선인민군 제43사단장,
		최고사령부 부참모장, 제6군단 참모장,
		근위서울 제3사단장
	1954년 3월	조선인민군 제3사단장
	1958년 3월	조선인민군 공군사령부 참모장
	1960년 8월	조선인민군 제1집단군 사령관
	1963년 10월	민족보위성 부상
	1966년 10월	노동당 정치국 후보위원
	1967년 4월	조선인민군 총정치국장
	1969년 2월	조선인민군 총참모장
	1969년 12월	노동당 정치국 위원
	1976년 5월	인민무력부장
	1977년 12월	국방위원회 부위원장
	1980년 10월	노동당 정치국 상무위원,
		당중앙군사위원회 위원
	1985년 4월	조선인민군 차수
	1992년 4월	조선인민군 원수
	1993년 4월	국방위원회 제1부위원장
	1995년 2월 25일	사망

최광은 인간으로서도 성실했고 군사가로서도 성실했다.

푸에블로호 사건이 일어났을 때는 정세가 긴장하다고 하면서

1년 동안 집에 들어가지 않고 사무실에서 침식을 했다.

그는 한평생 티 없이 깨끗한 마음으로

당과 수령을 받들어 온 사람이다.

내가 가장 아끼고 사랑하던 무관들 중 한사람이다.

김일성

최 광

19년 동안 인민무력부장으로 조선인민군을 호령했던 오진우의 사망(1995년 2월 25일) 이후 그 자리를 이어 받은 사람은 최광 (1918~1997)이다. 김정일은 오진우가 사망한 이후 8개월 동안 인민무력부장 자리를 공석으로 비워 두었다. 그 자리를 비워 둔 이유는 정확하게 알려지지 않았다. 최광은 인민무력부장이 되기 이전에 총참모장(1988~1995)으로 오진우와 함께 조선인민군 을 이끌었다.

최광이 바로 인민무력부장이 되지 못한 것은 과거의 일과 관 련된 것으로 보인다. 최광은 한 때 김정일에게 미움을 받아 숙청 된 적이 있었다. 최광은 1969년 1월 조선인민군 당위원회 제4기 제4차 전원회의에서 민족보위상(인민무력부장) 김창봉 등과 함께 숙청돼 광산 노동자로 전락했다. 공식적인 숙청 이유는 당 정책의 불이행, 군벌관료주의화였다.

당시 그의 직책은 총참모장(1963~1968)이었다. 북한군의 총참모장은 우리의 합참의장과 같은 군 실권자다. 최광이 당시 총참모장으로 있을 때 푸에블로호 사건이 발생했다. 이 사건으로 1년 가까이 북·미 간에 팽팽한 긴장이 오갔으며 김일성은 1년 동안 집에 들어가지 않고 사무실에서 침식을 했던 최광을 극찬하기도 했다.

숙청됐던 최광이 부활한 것은 1977년 황해남도 인민위원장을 맡으면서다. 8년 만에 복권한 것이다. 그 이후 그의 인생은 심장마비로 사망할 때까지 탄탄대로를 달렸다. 정치국 위원, 국방위원회 부위원장, 조선인민군 원수 등 당·정·군에서 주요 요직을 거쳤다. 군인으로서의 명예 회복은 1988년 2월 총참모장에 복귀하면서 이뤄졌다.

20년 만이었다. 얼마나 감격스러웠는지 최광은 총참모장에 임명된 뒤 김일성을 첫 대면하는 자리에서 무릎을 꿇고 울었다고 한다. 그를 총참모장에 복귀시킨 사람은 김정일 국방위원장이었다. 김일성은 "그(김정일)가 최광을 얼마나 신임하고 사랑하는가 하는 것은 70살 고령의 그를 조선인민군 총참모장으로 임명한 사실만 보더라도 잘 알 수 있다"고 말했다.[34] 북한에는 숙청됐다가 복권을 하는 경우가 더러 있다. 최광과 같은 혐의로 같은 시기에 숙청됐던 김철만(1920~) 전 제2경제위원장 겸 국방위원회 위원도 정확한 시기는 모르지만 복권해 왕성한 활동을 했다.

최광은 1934년 북한이 주장하는 조선인민혁명군의 아동국장

사업을 하면서 김일성을 만났다. 최광이 아동단 연예대를 데리고 김일성을 찾아 공연을 한 것이 인연이 됐다. 최광은 저우바오중이 매우 좋아할 정도로 능력을 인정받아 해방 이후에도 귀국하지 않고 그의 밑에서 일했다. 김일성이 최광을 부른 것은 1946년 초가을이다. 최광이 평양에 도착할 때 김책과 무정을 마중 보낼 정도로 김일성은 그를 아꼈다. 귀국 이후 그는 보안간부훈련소 1분소(신의주) 참모장을 맡다가 6·25전쟁 때 제1사단장으로 참전했다.

최광의 본명은 최명석이었다. 김일성은 김홍계에게 김책이란 이름을 지어 주었듯이 최명석에게 최광이란 이름을 지어 주었다. 북한은 김일성이 "총대는 나라와 민족의 존엄을 찾고 빛내야 한다는 뜻에서 그의 이름에 빛 광光을 붙였다"고 설명하고 있다.

최광이 총참모장·인민무력부장으로 있던 시기는 제1차 북핵위기(1993~1994)와 고난의 행군(1995~1997) 등으로 북한 건국 이후 최대의 위기를 맞은 때였다. 최광은 오진우 인민무력부장이 사망한 이후 김정일에 이은 북한 군부의 2인자였다. 따라서 내우외환에 앞장서야 하는 위치에 있었다. 그 시기에 김정일 시대의 통치 이념인 선군정치가 나왔다.

그가 총참모장으로 있던 1994년 12월 17일, 미 8군 제17항공여단 501대대 소속 OH-58 정찰 헬리콥터가 강원도 원통 군사분계선 북방 7km 지점(북한 강원도 금강군 이포리)에 불시착하는 사고가 발생했다. 이 사고로 헬리콥터 부조종사 데이비드 하일먼 준위가 그 자리에서 사망하고 정조종사 보비 홀 준위가 북한 당국에 억류됐다. 게리 럭 주한미군 사령관이 북한 당국에 유감 표명을 하고 토머스 허바드 미 국무부 부차관보(후일 주한 미국 대사)가 클린턴 미국 대통령 특사로 평양을 방문했다. 그리고 사망한 데이비드 하일먼 준위의 시신과 보비 홀 준위를 판문점을 통해 송환했다.

북한은 사건 당일 12월 17일 긴급 보도를 통해 "오늘 오전 10시 45분께 적 직승기(헬리콥터)가 동부 전선 군사분계선을 넘어 강원도 금강군 이포리 상공 깊이 불법 침입했다"면서 "우리의 조선인민군 고사포병들의 자위적 조치에 의해 단발에 적 직승기는 우리 측 지역에 격추됐다"고 주장했다. 김정일은 이 사건을 두고 "우리의 영토·영공·영해를 침입하면 절대로 용서하지 않는다는 우리의 선언이 빈말이 아니라는 것을 보여줬다"고 선전했다. 이 사건을 잘 처리했다고 평가를 받은 최광은 1995년 10월 조선인민군 원수로 승진했다. 최광은 오진우에 이어 두 번째로 원수가 됐다. 아울러 총참모장에서 인민무력부장이 됐다. 77세의 최고령 인민무력부장이었다. 기관지가 약했던 최광은 인민무력부장에 올랐지만 역할을 제대로 하기 힘들었다. 그해 10월에 있었던 노동당 창건 50주년 열병식에 최광이 열병부대를 사열하고 열병식 시작을 김정일에게 보고하고 주석단에 올라와 경축 연설을 하게 돼 있었다. 하지만 최광이 고령인 데다 기관지도 좋지 않아 순서를 바꿔 경축 연설을 먼저하고 사열을 하기도 했다.

최광의 별명은 '독종'이다. 항일빨치산 시절과 6·25전쟁 때의 활약 등 인생의 고비마다 오뚝이처럼 불굴의 의지로 일어났기 때문이다. 우연의 일치인지 오뚝이 인생의 대명사인 덩샤오핑(1904~1997)이 사망한 지 이틀 뒤에 최광이 사망(1997년 2월 21일)했다. 그의 부인은 여장부로, 항일혁명투사였던 김옥순(1920~2016) 전 조선민주여성동맹(여맹) 중앙위원장이었다. 항일혁명투사였던 박길송(1917~1943)의 부인이었다가 그가 사망한 뒤 최광과 재혼했다.

김정일은 최광의 장례 기일을 5일장으로 하고 만수대창작사가 혁명열사릉에 안치할 그의 반신상을 제작할 때 안경을 쓴 모습보다 안경을 끼지 않는 모습으로 제작할 것을 지시했다. 김정일은 "난 어쩐지 이제라도 그의 안경을 벗겨주고 싶다"고 말했다.

최광의 사망은 '막강 권력' 인민무력부장 시대의 마감을 예고했다. 인민무력부장은 최현을 거쳐 오진우가 맡으면서 명실상부한 권력의 핵심 자리로 자리매김했다. 하지만 김일성 사망과 고난의 행군을 거친 뒤 김정일 시대가 되면서 군의 위상이 변했다. 김정일은 선군정치를 표방하면서 "조국보위도 사회주의 경제건설도 인민군대가 맡자"고 강조했다.

그 첫 사업으로 군대가 금릉2동굴과 청류다리(2단계) 공사를 맡으면서 군인들이 국가 건설에 투입됐다. 김정일은 당시 이렇게 생각했다.

위대한 수령 김일성 동지의 혁명위업에 끝없이 충실한 우리 당은 혁명과 건설을 영도하는 전 과정에 나라의 정세가 그처럼 긴장한 속에서도 인민들의 복지증진에 선차적인 관심을 돌리고 투자를 아끼지 않았으며 수많은 인민군 군인들을 사회주의건설에 동원해 세계굴지의 서해갑문과 고속도로들을 비롯한 대기념비적 창조물들을 훌륭히 일떠세웠다.

이민위천의 위대한 사상을 제시하시고 생의 마지막 순간까지 인민에 대한 헌신적 복무정신으로 불면불휴의 정력적인 투쟁을 하여오신 위대한 수령 김일성 동지께서는 풍치수려한 대동강변에 5월 1일 경기장과 금릉동굴, 청류다리를 비롯한 기념비적 창조물들을 일떠세운데 이어 청류다리를 연결해 새로운 다리와 굴길을 건설할데 대한 원대한 구상을 했다.

나는 위대한 수령 김일성동지의 수도건설 구상을 실현하고 평양시가 수도로서의 면모를 더욱 원만히 갖추며 수도시민들이 보다 훌륭한 생활환경에서 행복을 누리도록 하기 위해 평양시 중심부의 대동강변에 청류다리(2단계)와 금릉2동굴을 현대적 미감이 나게 건설할 것을 다음과 같이 명령한다.

1. 인민무력부에서는 청류다리를 연결해 새로운 청류다리(2단계)와 금릉2동굴을 조선노동당 창건 50돌이 되는 1995년 10월 10일까지 건설할 것.

2. 정무원에서는 청류다리(2단계)와 금릉2동굴 건설에 요구되는 설비와 자재를 제때에 최우선 보장하기 위한 대책을 세울 것.

나는 청류다리(2단계)와 금릉2동굴 건설을 맡은 조선인민군, 조선인민경비대 장병들이 '당이 결심하면 우리는 한다'는 철석의 신념을 안고 혁명의 수도 평양시를 인민의 지상낙원으로 더 웅장화려하게 전변시키려는 위대한 수령님의 생전의 높은 뜻과 우리 당의 의도를 반드시 실천하리라는 것을 굳게 믿는다.[35]

이 일이 있은 이후 조선인민군의 핵심 보직인 인민무력부장, 총정치국장, 총참모장의 역할에 변화가 생겼다. 군의 정치 사업을 총괄하던 총정치국장이 군부대 서열 1위가 됐고, 총참모장이 작전국·정찰국 등 현역 군단들을 지휘하면서 서열 2위, 인민무력부장은 후방총국·대외사업국 등 외교·지원 사업을 맡으면서 서열 3위로 밀려났다. 인민무력부장은 휘하에 전투 병력이 없는 장군이 돼 버렸다.

이런 군부의 역할 변화는 김정일이 군을 두려워한 점도 있다. 과거 김창봉 사례를 경험한 김정일이 군부가 언제든지 정권의 위협 요소가 될 수 있다고 판단해서다. 총정치국장이 군부 동향을 확실히 장악함으로써 군부 쿠데타 등 정권을 위협하는 요소를 사전에 차단할 수 있게 만든 것이다. 이 체제는 지금도 유지하고 있다.

최광 경력	1918년 7월 17일	함경북도 후창군
		(현재 양강도 김형직군) 출생
	1948년 2월	조선인민군 제1사단장
	1950년 6월	조선인민군 제13사단장
	1962년 9월	민족보위성 부상
	1962년 10월	조선인민군 총참모장
	1966년 10월	노동당 정치국 후보위원
	1969년 2월	조선인민군 총참모장 해임
	1969년 3월	광산노동자로 추방
	1977년 4월	황해남도 인민위원장
	1981년 3월	정무원(현 내각) 부총리
	1982년 4월	정무원 부총리 겸 수산위원장
	1988년 2월	조선인민군 총참모장, 대장
	1990년 5월	노동당 정치국 위원, 국방위원회 부위원장
	1995년 10월	인민무력부장, 조선인민군 원수
	1997년 2월 21일	사망

김정일 시대 첫 인민무력부장

김 일 철

최광 인민무력부장이 사망한 뒤 인민무력부장 자리는 김일철 (1930~?)의 손에 쥐여졌다. 명실상부한 김정일 시대의 첫 인민무력부장이다. 김정일은 1994년 김일성 사망 이후 최고 지도자가 됐지만 3년간 유훈 통치를 마치고 1997년 총비서에 추대되면서 자신의 시대를 열었다

김정일이 1998년 9월 인민무력부를 인민무력성으로 개칭하면서 김일철을 인민무력상(이하 인민무력부장)에 앉혔다. 인민무력부가 1972년 민족보위성에서 바뀐 지 26년 만에 인민무력성이 됐다. 그러다가 2년 뒤인 2000년에 다시 인민무력부로 돌아갔다. 김정일은 최현-오진우-최광으로 이어졌던 '막강 권력' 인민무력부장이 두려웠는지 해군에서 잔뼈가 굵은 김일철 해군 사령관을 선택했다. 이로써 최광이 사망한 1997년 2월 이후 1년

7개월 만에 공석으로 두었던 인민무력부장의 자리를 채웠다.

  김일철이 인민무력부장으로 임명됐을 때에는 별다른 주목을 받지 못했다. 김정일이 최고 지도자가 되면서 군부 조직을 총정치국·총참모부·인민무력부 등으로 세분화했고 국방위원회가 최고지도기관으로 승격되면서 인민무력부는 후방총국·대외사업국 등 군사·외교 지원 사업을 맡는 기관으로 전락했다. 그래서 해군사령관 출신인 김일철을 앉혀도 무방했던 것이다. 당시 군부의 실질적인 '넘버 1'인 총정치국장은 조명록(1928~2010), '넘버 2'인 총참모장은 김영춘이 맡고 있었다. 이들은 1995년 10월에 각각 임명됐다. 이들이 임명될 당시 최광이 인민무력부장을 맡고 있었지만 항일혁명 1세대와 유훈 통치 기간을 감안해 원로 차원의 대우였지 과거와 같은 실권은 거의 없었다.

김일철(오른쪽에서 세 번째) 인민무력부장이 현지지도하는 김정일 국방위원장을 수행하고 있다.

최광은 19년 동안 인민무력부장을 맡았던 오진우가 아니었다. 실제적으로 군부는 조명록-김영춘 라인이 이끌었다. 이 둘은 김정일의 사람들이었다. 특히 조명록은 해방 이후 김정일을 등에 업고 귀국했던 사람으로 김정일과 깊은 인연이 있었다.

김일철이 한국 사람들에게 기억되는 장면은 2000년 9월 제주도에서 열린 제1차 남북 국방장관회담에서다. 분단 이후 처음 열리는 남북 국방장관회담에 왕별(차수)을 어깨에 달고 나타난 그 모습이 한국 사람들의 시선을 모았다. 이 회담에서 김일철과 조성태 국방장관은 군사적 긴장 완화와 평화 보장, 군사분계선과 비무장지대를 개방해 남북을 연결하는 철도를 건설하기로 합의했다. 이 회담의 결과로 개성공단이 시작할 수 있었다. 김일철은 2007년 평양에서 열린 제2차 남북 국방장관회담에도 북한 대표로 나왔다. 오진우에 이어 인민무력부장을 두 번째(11년)로 오래한 셈이다. 2007년에 한국은 김장수 국방장관으로 바뀌었다. 김일철은 이 회담을 끝으로 내리막길을 걸었다. 2009년 2월 인민무력부장을 김영춘 총참모장에게 물려주고 인민무력부 제1부부장으로 물러났고, 그해 4월 국방위원회 부위원장에서 위원으로 강등됐다.

그리고 그는 2010년 5월 국방위원회 위원 겸 인민무력부 제1부부장에서도 해임됐다. 북한 조선중앙통신은 김일철의 해임 사유를 '연령상 관계(77살)'라고 밝혔지만 여러 가지 정황에 비춰보면 설득력이 떨어진다. 왜냐하면 조명록(1928~2010) 총정치국장은 김일철보다 5살이 많았는데도 현직에 있었기 때문이다.

그래서 당시 그의 해임을 놓고 그에게 '중대 과오'가 있지 않았는가 하는 궁금증을 낳기도 했다. 김일철이 해임된 이후의 활동은 아직 소개되지 않고 있다. 사망했으면 노동신문에 부고가 실렸을 텐데 아직까지는 부고 기사가 없다.

김일철 경력

1933년	평양 출생
연도 미상	만경대혁명학원 졸업
1947년	보안간부훈련대대부 입부
1948년	원산기지 해군함정 부중대장
1958년	해군대학 졸업
1962년	소련 해군대학 유학
1968년	해군사령부 부참모장
1971년	해군사령부 참모장
1974년	해군사령부 부사령관
1982년 6월	해군사령관
1992년 4월	조선인민군 대장
1997년 4월	조선인민군 차수, 인민무력부 제1부부장
1998년 9월	인민무력상, 국방위원회 부위원장
2000년 9월	인민무력부장
2009년 2월	인민무력부장 해임, 인민무력부 제1부부장
2009년 4월	국방위원회 위원
2010년 5월	국방위원회 위원 겸 인민무력부 제1부부장 해임

군부 내 '김정일의 남자'
김 영 춘

김영춘(1936~2018) 인민무력부장은 군부 내 대표적인 '김정일의 남자'였다. 최현·오진우 인민무력부장이 군부 내에서 김정일을 최고 지도자로 만들었다면, 김영춘은 그들의 바통을 이어받아 김정일을 최고 지도자로 안착시키는 데 큰 역할을 했다.

　김영춘이 일약 스타가 된 것은 1995년 함경북도 청진시 6군단 사건을 진압하면서다. 6군단 사건은 군대 내 정치위원을 중심으로 지휘관들이 쿠데타를 모의, 발각된 것으로 김정일 체제에 대한 불만이 표출된 것으로 알려졌다. 정치위원은 군대 내 정치·사상을 담당하는 사람으로 쿠데타를 사전에 감시해야 하는데, 오히려 쿠데타를 모의한 것이다. 이 사건으로 장성급을 포함한 군 간부 40여 명이 처형됐고 400여 명이 숙청됐다.

　공교롭게도 당시 6군단장은 김영춘이었다. 김영춘은 인민군 작전국장(1986년)으로 일하다 과오를 범하고 지방 여단의 부여 단장으로 좌천됐다가 군수동원 총국장(1993년)을 거쳐 6군단 장(1994년)으로 부임했다. 군단장이 부대 내에서 쿠데타 모의가 있다는 것을 모를 정도로 은밀하게 진행됐다. 당시 정치위원들은 '김정일의 남자'인 김영춘을 쿠데타 모의에서 제외시켰던 것이다. 이들의 쿠데타 모의는 인민군 보위국(한국의 기무사령부)에 발각돼 수포로 끝났고, 사건에 연루되지 않았던 김영춘은 쿠데타 모의에 대한 진압 과정을 도와 1995년 10월 총참모장으로 승진했다.

6군단 사건은 고난의 행군 시기(1995~1997)에 군대가 외화벌이에 나서면서 빚어진 사소한 갈등이 쿠데타로 확대·해석되면서 많은 사람이 사망했다는 얘기도 있다. 떨어지는 낙엽도 조심해야 할 시기에 시범 케이스에 걸려들었다는 주장이다. 특히 중국 국경 인접 부대인 6군단은 전 군대가 부러워하는 외화벌이 군단이라 시범 케이스로 안성맞춤이었다. 감시 체계가 철두철미한 인민군에서 쿠데타를 모의한다는 것 자체가 불가능하다는 것을 보여줬다. 진실 여부는 역사에 남겨두더라도 김영춘은 이 사건으로 기사회생했다.

김영춘이 총참모장(1995~2009)이 된 이후 14년 동안 많은 일이 발생했다. 대포동 1호 발사(1998년), 제1차 연평해전(1999년), 제2차 연평해전(2002년), 대포동 2호 발사 및 제1차 핵실험(2006년) 등 굵직한 사건들이 많았다. 김영춘이 이 사건들을 주도한 것은 아니지만 총참모장으로서 상당한 역할을 했을 것으로 짐작된다.

김영춘이 인민무력부장을 맡은 것은 2009년 2월이다. 김정은 국무위원장이 후계자로 지명된 지 한 달 뒤였다. 김정일 국방위원장이 2008년 8월 뇌졸중으로 쓰러지고 후계자 승계 작업이 빨라지면서 이뤄진 조치였다. 군부 내 '넘버 2'인 총참모장은 평양방어사령관을 지낸 이영호에게 넘겨졌다. 야전 지휘관에서 군행정을 담당하는 인민무력부장을 맡았으니 따분했을 것이다. 김영춘은 2010년 9월 제3차 당대표자회에서 김정은이 후계자로 공식화된 이후 주요 행사의 주석단에서 보이지 않았다. 현철해 등과 함께 '김정일의 남자'들이 한물간 것으로 받아들여진다. 직책은 인민무력부장이지만 뒷방 노인 신세로 전락해 버린 것이다.

그러나 김영춘은 김정일 사망(2011년 12월) 때 김정은과 함께 운구차를 호송한 8인 가운데 한 명이 되면서 김정은 시대에도 존재감을 유지하는 듯했다. 하지만 권력은 나눠 가질 수 없는 법이고 시대는 '김정일의 시대'에서 '김정은의 시대'로 변했다. 김영춘은 2012년 4월 인민무력부장을 김정각 총정치국 제1부국장에게 물려주고 노동당 군사부장으로 물러났다. 한직은 아니지만 김영춘에게는 명예직에 가까운 자리였다. 이로써 김정일 집권 17년 동안 인민무력부장을 맡았던 사람은 최광-김일철-김영춘 3명으로 끝났다.

김영춘은 2016년 4월 15일 김일성 생일을 맞아 개인적으로 큰 경사를 맞았다. 현철해와 함께 조선인민군 원수 칭호를 수여받은 것이다. 조선인민군 원수 칭호를 받은 선배로는 오진우, 최광, 이을설 등이 있다.

김영춘은 2018년 8월 16일 급성심근경색으로 사망했다. 북한 언론은 그를 "강한 원칙성과 일욕심, 소탈하고 청렴결백한 품성으로 인민군 장병들과 인민들의 존경과 사랑을 받았다"고 기록했다.

김영춘 경력

1936년 3월 4일	양강도 보천군 출생
연도 미상	만경대혁명학원, 강건종합군관학교, 김일성군사종합대학 졸업
1971년	조선인민군 군단 참모부 부부장
1979년	조선인민군 작전국장
1994년 2월	조선인민군 제6군단장
1995년 10월	조선인민군 총참모장, 차수
2007년 3월	조선인민군 총참모장 해임, 국방위원회 부위원장
2009년 2월	인민무력부장
2010년 9월	노동당 정치국 위원
2012년 4월	인민무력부장 해임, 노동당 군사부장
2014년 4월	인민무력부 총고문
2016년 4월	조선인민군 원수
2018년 8월 16일	사망

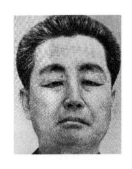

김정은 시대 첫 인민무력부장

김 정 각

김정각(1941~)은 김정은 국무위원장이 정권을 잡은 뒤 2012년 4월 처음으로 임명한 인민무력부장이다. 최용해 총정치국장, 이영호 총참모장 등 김정은을 뒷받침하는 군부 인사들에 비해 존재감은 다소 떨어지는 편이다. 최용해는 김일성의 항일빨치산 동료인 최현 인민무력부장의 둘째 아들로 김정은의 '영원한 2인자'가 될 사람이다. 이영호는 김일성의 항일빨치산 시절 주치의였던 이봉수(1901~1967) 전 만경대혁명학원 원장의 아들이자 김정일 국방위원장의 친구였다. 만경대혁명학원은 혁명 유자녀들과 당·정의 고위 간부 자녀들만 입학하는 특별 학교다. 이영호는 조선인민군을 '김정은의 군대'로 만들 사람이었다.

이에 비해 김정각은 최용해·이영호처럼 든든한 '아버지의 빽'이 없었다. 인민무력부장 재임 기간도 겨우 7개월 밖에 되지 않는다. 하지만 더 짧게 한 사람도 있다. 김격식 인민무력부장이다. 그는 인민무력부장을 6개월만 맡았다. 김정은 시대의 군부인사는 예측 불허였다. 김정은은 장성들의 별을 붙였다 뗐다 하는 등 어린아이 장난치듯이 군부를 길들였다. 김정은의 '군부 길들이기'라고 해석할 정도로 김일성-김정일 시대에는 찾아볼 수 없는 행태였다.

　김정각은 김정일 운구 8인방 가운데 한 명이었다. 당시는 총정치국 제1부국장으로 조명록(1928~2010) 총정치국장이 건강상 이유로 활동을 못했던 2007년부터 총정치국을 맡았다. 그는 군부에서 촉망받는 사람이었다. 이로 인해 김정각은 김정은 시대에도 승승장구할 것으로 예상됐다. 하지만 정치는 생물이다. 권력은 수학 공식이 아니다.

김정각(왼쪽에서 두 번째) 인민무력부장이 만수대 언덕에서 행사를 앞두고 기다리고 있다.

김정은은 집권한 지 얼마 되지 않은 2012년 7월 군 작전에 대한 실질적인 명령권을 가진 이영호 총참모장을 날려 버렸다. 군부 숙청의 신호탄이었다. 군의 경제권을 민간으로 넘기려는 김정은의 정책에 이영호가 부정적인 입장을 보이다가 숙청된 것으로 알려졌다. 그 자리는 현영철로 채워졌다. 그리고 4개월 뒤에는 김정각도 인민무력부장에서 물러나게 했다. 7개월 밖에 안된 김정각을 물러나게 한 이유는 그의 건강 문제로 알려졌다. 김정은이 집권한 지 1년도 채 되지 않는 동안 총참모장과 인민무력부장을 해임시킨 것이다. 이처럼 김정은은 군부의 중요 직책을 필요할 때마다 수시로 교체함으로써 군 수뇌부를 긴장시키고 그를 통해 충성을 확보하려고 했다. 김정은 시대에 인민무력부장은 김정각-김격식-장정남-현영철-박영식-노광철로 이어져 집권 6년 동안 6명이 바뀌었다. 김일성-김정일 시대와는 사뭇 달랐다.

김일성 집권 46년 동안 5명(최용건-김광협-김창봉-최현-오진우)이 인민무력부장 자리를 지켰고, 김정일 집권 17년 동안 3명(최광-김일철-김영춘)이 인민무력부장을 맡았다. 김정각은 인민무력부장에서 물러난 뒤 김일성군사종합대학 총장으로 옮겼다. 김일성군사종합대학은 군 엘리트를 양성하는 곳으로 김정은이 2002년부터 2007년까지 이 대학 특설반을 다닌 것으로 알려졌다. 김정각으로서는 나쁘지 않은 직책이다. 하지만 정치적 입지는 과거에 비할 바가 못 됐다. 2012년 4월에는 당 정치국 위원에서 물러났고 2013년 1월에는 국방위원회 위원마저 내려놓았다. 그나마 정치적으로 남아 있는 직책은 당 중앙위원회 위원 정도다.

김정각의 대외 활동은 인민무력부장에서 물러난 뒤 거의 알려지지 않았다. 그러다가 2016년 12월 17일 금수산태양궁전에서 열린 김정일 사망 5주기 중앙추모대회에서 모습을 보였다.

그런데 사람의 운명은 알 수 없는 법. 역사 속으로 사라지는 듯했던 김정각은 2018년 다시 부활했다. 황병서 총정치국장이 물러난 자리를 이어받았다. 총정치국은 김정각의 '친정집'이다. 그는 2018년 2월 8일 조선인민군 창건일에 열린 열병식에서 김정은의 오른편에 서 있었다.

하지만 그것도 잠시, 김정각은 2018년 5월 김수길 평양시 당 위원장에게 총정치국장을 물려주었다. 북한 군부 내 1인자인 총정치국장에 단지 3개월 앉아 있었다.

김정각 경력

1941년 7월 20일	평안남도 증산군 출생
1992년 12월	인민무력부 부부장
1998년 9월	인민무력성 부상
2000년 9월	인민무력부 부부장
2002년 4월	조선인민군 대장
2007년 3월	조선인민군 총정치국 제1부국장
2009년 4월	국방위원회 위원
2010년 9월	노동당 정치국 후보위원
2012년 2월	조선인민군 차수
2012년 4월	인민무력부장, 노동당 정치국 위원
2012년 11월	인민무력부장 해임
2013년 7월	김일성군사종합대학 총장
2018년 2월	조선인민군 총정치국장
2018년 5월	조선인민군 총정치국장 해임

6개월 최단 재임

김격식

1948년 인민무력부가 창설된 이래 최단 재임한 인민무력부장은 김격식(1938~2015)이다. 2012년 11월 김정각의 뒤를 이어 인민무력부장에 임명됐지만 2013년 5월에 물러났다. 딱 6개월이다. 그러나 6개월 이후에 옮긴 자리가 총참모장이니 별로 기분이 나쁘지는 않았을 것이다. 북한 군부 넘버 3에서 넘버 2가 됐으니 말이다. 하지만 총참모장직에서도 3개월 만에 해임됐다. 김정은 시대에 벌어진 '군부의 수난'의 한 단면을 보여주고 있다.

김격식은 서해 4군단장 시절 김영철 군 정찰총국장(현 대남담당)과 함께 2010년 3월 천안함 폭침사건을 기획하고 지휘한 사람으로 알려졌다. 또한 같은 해 11월 발생한 연평도 포격 도발사건 역시 김격식이 지휘했던 4군단이 주도하면서 군부 강경파의 상징적인 인물처럼 돼 버렸다. 그는 우리에게는 군부 강경파이지만 북한 군부에서는 '참 군인'으로 존경을 받았다. 김정은 시대의 군부는 정치군인들이 활개를 쳤다. 최용해·황병서 총정치국장, 김원홍 국가보위상, 김영철 군 정찰총국장 등 노동당이나 군부 내 정치부서 출신들이 야전군 출신보다 득세하고 있었다. 그래서 후배 군인들은 김격식을 많이 따르는 편이었다.

김격식은 또 명령에 죽고 명령에 사는 군인이었다는 평가를 받았다. 그 예로 김정일 국방위원장이 2002년 개성 공업지구를 지정할 때 군부가 반대했다. 이유는 개성이 서울까지 직선거리로 불과 60km이며 북한이 유사시 가장 빨리 서울을 공격할 수 있는 요충 지역이었기 때문이다. 그래서 인민군 최정예 6사단과 64사단, 62포병연대 등이 포진해 있었다. 이 부대들의 장사정포 사거리는 50~60km로 서울을 사정권에 포함시킨다.

개성공단이 들어서려면 부대들을 개성 송악산 뒤로 물러나게 해야 했다. 군부들의 반발은 만만치 않았다. 심지어 김정일의 명령인데도 쉽게 따르려고 하지 않았다. 이를 해결한 사람이 김격식이다. 당시 그는 2군단장으로 개성 지역 군부대의 책임자였다. 김격식은 "장군님의 명령이다. 우리는 장군님의 명령에 복종하는 전사들이다. 철수한다"며 선배들과 후배들을 설득했다고 한다. 불만이 있던 군부도 김격식이 김정일의 명령에 따르자 순순히 부대를 송악산 뒤로 옮겼다.

김격식은 총참모장을 두 차례나 맡았다. 이미 언급한 대로 2013년에 3개월 동안 총참모장을 맡았던 것 외에도 2007~2009년에 그 자리를 차지했다. 제대로 된 총참모장은 그때 한 셈이다. 당시는 남북한 간에 군사적 긴장이 없었다. 두 번째 남북정상회담이 2007년 10월 평양에서 열려 군사적 긴장 완화 등이 논의되던 때였다. 남북국방장관회담도 그해 11월 평양에서 열렸다.

총참모장을 두 차례나 맡은 사람은 김격식 외에 최광 전 인민무력부장이 있었다. 김격식이 인민무력부장·총참모장을 그만둔 이유는 밝혀지지 않았다. 그는 2013년 8월 총참모장에서 물러난 뒤 2014년 4월까지 국방위원회 위원을 역임했다. 그 이후 별다른 공식 활동이 없다가 2015년 5월 사망했다. 사망 원인은 암 성중독(암으로 인한 건강 악화)에 의한 급성호흡부전(곤란)으로 알려졌다.

김격식 경력	1938년 3월 11일	함경남도 정평군 출생
	1992년 4월	조선인민군 상장(별 3개)
	1994년 10월	조선인민군 제2군단장
	1997년 2월	조선인민군 대장
	2007년 4월	조선인민군 총참모장
	2009년 2월	조선인민군 총참모장 해임,
		조선인민군 제4군단장
	2012년 11월	인민무력부장
	2013년 3월	노동당 정치국 후보위원
	2013년 4월	국방위원회 위원
	2013년 5월	인민무력부장 해임, 총참모장
	2013년 8월	총참모장 해임
	2015년 5월 10일	사망

50대 인민무력부장
장 정 남

김정은 시대 북한 군부의 계급장은 롤러코스터였다. 올라갔다가 내려오고 다시 올라갔다. 이에 대표적인 사람이 김격식 후임으로 제11대 인민무력부장에 임명된 장정남이다. 장정남은 인민무력부장으로 재직하는 13개월(2013년 5월~2014년 6월) 동안 4차례나 계급이 바뀌었다.

장정남은 2013년 5월 인민무력부장이 되면서 인민군 중장(별 2개)에서 상장(별 3개)으로 승진했다(1차례). 대부분 대장 시절에 인민무력부장 자리에 올랐는데 장정남이 인민무력부장에 오른 것은 의외였다. 김정은식의 전격 발탁이었다. 김정은은 항일빨치산의 2, 3세이거나 군부 내 정치군인 출신 '금수저'를 제외하고 '빽' 없이 실력만으로 버텨 온 사람을 찾고 있었다. 자기 사람을 키우고 싶었던 것이다. 김정은이 찾던 사람이 바로 장정남이었다. 장정남은 동부 지역 최전방인 1군단장을 역임하는 등 야전에서 잔뼈가 굵은 사람이었다.

장정남은 60~70대 원로들이 좌지우지하던 북한군에서 50대 초반에 인민무력부장이 되면서 한 때, 당시 이영길 총참모장보다 서열이 앞설 만큼 능력과 패기를 인정받았다. 단적인 예로 장정남은 인민무력부장이 된 지 3개월 만에 대장 계급장을 달았다 (2차례). 초고속 승진이었다. 그런데 그것도 잠시였다. 6개월 만인 2014년 2월 갑자기 상장으로 강등됐다(3차례). 그러다가 1개월 뒤에 다시 대장으로 승진했다(4차례). 이처럼 롤러코스터를 타다가 2014년 6월 현영철에게 인민무력부장을 물려주었다.

군부의 상징이라고 할 수 있는 인민무력부장이 이런 수모를 당했으니 군심軍心은 뒤숭숭할 수밖에 없었다. 김정은의 변덕 탓인지, 60~70대 군부 원로의 견제 탓인지 여기저기서 인사에 대한 불만의 목소리가 터져 나왔다. 우선 원로 군인들은 장정남의 전격 발탁을 놓고 "이 나라가 어떻게 해서 세워졌는데…", "수령님·장군님이 어떻게 나라를 지켰는데…" 등으로 과거와 비교하는 말들을 쏟아 냈다고 한다. 그러다가 입을 함부로 놀린 사람들은 뒤통수를 맞았다. 대표적인 사람이 현영철 인민무력부장이다.

김정은의 변덕은 잦은 인사에서 나타났다. 인민무력부장뿐만 아니라 군부 내 넘버 2인 총참모장도 이영호-현영철-김격식-이영길 등으로 수시로 교체됐다. 김정은은 자기 사람으로 키우기 위해 곁에 두었다가 실적이 없거나 마음에 들지 않으면 멀리 보내 버렸다. 권력 주변은 불가근불가원不可近不可遠이 불문율이다. 장정남은 인민무력부장에서 물러나기 한 달 전에 당 중앙군사위원회 위원에 포함됐다. 당 중앙군사위원회는 그동안 유명무실했다가 2010년 9월 김정은이 부위원장이 되면서 지금처럼 실질적인 군사정책기구가 됐다. 장정남은 인민무력부장 시절에 존재감이 거의 없었듯이 당 중앙군사위원회 위원을 맡아도 마찬가지였다. 장정남은 인민무력부장에서 물러난 지 한 달 뒤에 다시 상장으로 강등됐다.

대북 소식통은 "장정남이 상장으로 강등되면서 강원도 철원 북방에 배치된 5군단장으로 좌천됐다"고 말했다. 그 근거로 장정남은 2016년 5월 이을설 사망에 따른 국가장의위원회 위원에 올라 여전히 현역으로 활동하고 있다.

장정남 경력	2005년 4월	조선인민군 소장
	2011년 4월	조선인민군 중장
	2012년 4월	조선인민군 제1군단장
	2013년 5월	인민무력부장, 조선인민군 상장
	2013년 8월	조선인민군 대장
	2014년 2월	조선인민군 상장
	2014년 3월	조선인민군 대장
	2014년 4월	국방위원회 위원
	2014년 6월	인민무력부장 해임

재임 중에 총살

현 영 철

현영철(1949~?)은 재임 중에 총살을 당한 것으로 알려진 첫 번째 인민무력부장이다. 국정원은 현영철이 총살을 당한 이유로 김정은에 대한 불만 표출과 수차례의 지시 불이행 때문이라고 국회 정보위원회에 보고했다. 국정원은 현영철이 2015년 5월 총살을 당했다고 주장했지만 북한이 공식적으로 발표하지 않아 사실 여부는 더 두고 봐야 할 듯하다. 현영철의 혐의는 반당·반혁명이다.

국정원의 주장이 맞는다면 현영철은 김정은에 대한 어떤 불만을 표출했을까? 태영호 전 주영 북한대사관 공사는 "집에서 나눈 얘기가 도청되는 바람에 처형됐다"고 밝혔다. 국정원과 태영호의 말이 맞는다면 현영철은 집에서 김정은에 대한 '뒷담화'를 하다가 도청된 것으로 파악된다. 고위 탈북자들이 전해주는 뒷담화의 내용은 이렇다. 김정은이 2012년, 2013년 목선을 타고 전방 방어대를 시찰할 때 군인들이 물에 반쯤 잠길 때까지 목선을 미는 것을 보고 현영철이 "어린 지도자는 왜 이런 것을 선전하느냐"고 비판했다고 한다.

그 이후로도 현영철은 김정은을 '어린 지도자'로 자주 표현했고 "어린 지도자를 모시기가 너무 힘들다"며 투덜댔다고 한다. 어린 후계자들이 가장 듣기 싫어하는 말이 '어리다'는 표현이라고 한다. 그 말 속에 '자신을 깔보고 있다'는 뜻이 내포돼 있다고 생각하기 때문이다. 성격이 급하고 감정 조절이 어려운 김정은이 이 말을 들었으면 아마 참지 못할 수도 있다.

현영철은 김정일 시대에 잘나갔던 군인이었다. 2006년부터 백두산 서쪽 북·중 국경지대를 담당하는 8군단장으로 복무했다. 8군단장은 군수 공장이 밀집돼 있는 자강도의 경비를 책임지는 자리다. 그 이후 2010년 9월 김정은과 함께 대장 계급장을 달았다. 군부 내에서 김정은의 세습 기반을 닦는 권력의 핵심 역할을 했다. 그리고 이영호 총참모장이 2012년 7월 물러나자 차수(대장과 원수 사이의 계급)로 승진하면서 그 자리를 이어받았다. 승승장구 그 자체였다. 하지만 3개월 뒤 대장으로 강등됐고 급기야 2013년 5월 전방 5군단장으로 좌천되면서 계급도 상장(별 3개)으로 내려왔다. 2014년 6월 다시 대장으로 승진하면서 제12대 인민무력부장이 됐다.

현영철은 엄밀히 말해 '김정일의 남자'였지 '김정은의 남자'는 아니었다. 장신이었던 현영철은 단신인 김정일을 만나면 무릎을 굽혀 눈높이를 낮출 정도로 그에게 절대적인 충성을 보였다.

김정일은 생전에 현영철을 매우 중시했고 특별한 대우를 했다는 얘기가 많다. 그래서 김정은과 함께 대장으로 승진시킨 것으로 추측된다. 이영호 총참모장의 후임으로 현영철이 임명된 것도 김정일의 용인술을 간파한 당시 최용해 총정치국장과 장성택 국방위원회 부위원장의 작품으로 볼 수 있다. 그런 탓에 현영철은 김정은에 대한 거부감보다 김정일에 대한 충성심이 더 강했다. 현영철의 충성 대상은 김정일이었다. 따라서 현영철의 눈에 비친 김정은은 '어린 지도자'로만 보였을 것이다.

현영철이 총살됐다고 국정원이 국회에 보고했지만 통일부 '2018 북한주요인사 인물정보'에는 여전히 생존자로 분류돼 있다. 2017년 2월 6일 조선중앙TV에 반영된 기록영화 '백두산 훈련 열풍으로 무적의 강군을 키우시어'에 현영철이 등장하기도 했다. 북한이 그동안 '반당·반혁명', '최고 존엄 모독 및 훼손'의 혐의로 처형된 사람들은 기록영화에서 삭제했던 전례를 살펴보면 이례적이다.

현영철 경력　　1949년 1월 11일　함경북도 어랑군 출생

2010년 9월　　　　조선인민군 대장

2012년 7월　　　　조선인민군 총참모장, 차수

2012년 10월　　　조선인민군 대장

2013년 3월　　　　노동당 정치국 후보위원

2013년 5월　　　　조선인민군 상장

2014년 6월　　　　인민무력부장, 대장

2015년 5월　　　　숙청

정치군인
박 영 식

박영식 인민무력상(인민무력부장)은 정치군인 출신이다. 야전 지휘관 출신들이 오던 자리에 총정치국 조직부국장이었던 박영식이 발탁됐다. 총정치국은 군대에서 당 정치 사업을 추진하고 군간부 선발, 군사작전 명령서에 대한 당적 통제를 하는 기관이다. 쉽게 말해 조선인민군 내에서 넘버 1인 조직이다.

그동안 인민무력부장은 대부분 야전 지휘관인 총참모장을 거쳐서 오는 경우가 많았다. 역대 인민무력부장 13명 가운데 김광협-김창봉-오진우-최광-김영춘-김격식-현영철 등 7명이 총참모장 출신이다. 인민무력부장을 총정치국 출신이 맡은 것은 오진우·김정각에 이어 세 번째다.

박영식은 장정남에 이은 군부 내 김정은식 두 번째 발탁 인사였다. 총정치국 조직부국장은 총정치국장 다음으로 가는 위치로 승진이 보장되는 자리다. 현철해 인민군 원수, 김수길 총정치국장이 이 자리를 거쳐 갔고 현재는 손철주 중장(별 2개)이 맡고 있다. 예외적으로 손철주 중장의 전임자인 조남진 전 총정치국 조직부국장은 2017년 10월부터 3개월간 노동당 조직지도부의 주도로 총정치국의 대한 검열이 진행돼 황병서 총정치국장과 함께 해임돼 소장(별 1개)으로 강등됐다.

박영식은 언젠가는 중용될 것으로 점쳐져 왔다. 하지만 총정치국 출신이 군수·장비·건설·군사 외교 및 민방위 업무를 수행하는 인민무력부장에 온 것은 이례적이다. 전임자 김수길 총정치국장이 평양시 당위원장을 거치듯이 정치적인 자리로 승진할 것으로 예상됐기 때문이다. 따라서 김정은 국무위원장이 박영식을 발탁한 것은 전임자 현영철의 불미스러운 사건으로 인한 군부의 동요를 사전에 차단하기 위한 포석으로 풀이된다.

김정은은 현영철의 반당·반혁명에 대한 후유증을 조기에 진화하고 인민군대의 유일사상체계를 다지기 위해 총정치국 출신이 필요했던 것이다. 박영식은 2014년 4월 총정치국 조직부국장으로 오면서 중장(별 2개)에서 상장(별 3개)으로 진급했고 2015년 6월 현영철 다음으로 인민무력부장에 임명되면서 대장(별 4개)으로 초고속 승진했다.

김정은식 인사 스타일의 특혜자라고 할 수 있다. 박영식은 인민무력부장으로 3년을 재직하고 2018년 5월 노광철에게 물려줬다. 김정은 시대 인민무력부장으로서는 최장 재임이다.

북한은 2016년 6월 최고인민회의 제13기 4차 회의에서 국방위원회를 확대·개편해 국무위원회로 바꾸었다. 이에 따라 인민 무력부가 국방위원회 산하였다가 지금은 국무위원회 산하로 들어가면서 인민무력성으로 변경했다. 아울러 인민무력부장을 인민무력상으로 개칭했다.

박영식 경력	1999년 4월	조선인민군 소장(별 1개)
	2009년 4월	조선인민군 중장(별 2개)
	2014년 4월	조선인민군 총정치국 조직부국장,
		상장(별 3개)
	2015년 5월	조선인민군 대장
	2015년 6월	인민무력부장
	2016년 5월	노동당 정치국 위원
	2016년 6월	인민무력상
	2018년 5월	인민무력상 해임

2

내각 총리

정준택 • 김일 • 박성철 • 이종옥 • 강성산

이근모 • 연형묵 • 홍성남 • 박봉주

김영일 • 최영림

김일성·김정일·김정은이 오매불망 간절히 바라는 것은 경제 강국이다. 김일성은 한 평생을 "모든 사람이 다 같이 흰쌀밥에 고깃국을 먹으며 비단옷을 입고 기와집에 살려는 인민의 염원을 실현하는 것이 우리가 달성해야 할 중요한 목표"라고 역설했다. 김일성의 소원을 김정일은 실현하지 못했고 손자인 김정은은 '경제건설과 핵무력건설 병진노선'을 종료하고 사회주의 경제건설에 총력을 집중하고 있다. 세 부자가 그동안 인민들을 배불리기 위한 노력은 눈물겨웠다. '70일 전투', '100일 전투', '200일 전투' 등 노동력 동원을 통해 목표를 달성하려고 노력하고 있지만 언제 김일성의 소원이 이뤄질 지는 지켜볼 대목이다.

이번에는 세 부자의 지시를 받아 북한 경제를 이끌었던 내각 총리들을 살펴보고자 한다. 김정일은 총리가 '경제사령관'으로서 경제조직사업과 생산에 대한 지휘를 잘해야 한다고 강조했다. 그는 총리가 경제 문제를 책임적으로 검토하고, 선을 그을 것은 명백하게 그어주고 자를 것은 결단성 있게 잘라야 한다고 주문했다.

··· 역대 내각 총리

	이 름	재임 기간
1대	김 일	1972~1976(2년)
2대	박성철	1976~1977(1년 8개월)
3대	이종옥	1977~1984(7년)
4대	강성산	1984~1986(2년)
5대	이근모	1986~1988(2년)
6대	연형묵	1988~1992(4년)
7대	강성산	1992~1998(6년)
8대	홍성남	1998~2003(5년)
9대	박봉주	2003~2007(4년)
10대	김영일	2007~2010(3년)
11대	최영림	2010~2013(3년)
12대	박봉주	2013~현재

정준택은 소시민 출신의 인테리이고,

종파분자들에게서 정치적 박해를 많이 받은 간부였지만,

내 앞에서는 항상 바른 말을 했다.

김일성

너희 아버지(정준택)에게 더 좋은 칭호가 있다면

아낌없이 안겨주겠는데 공화국 영웅 칭호 이상의 것은 없다.

김일성

북한 경제의 초석
정 준 택

정준택(1911~1973)은 총리가 아니었다. 북한이 '총리'라는 자리를 만든 것은 1972년 12월 헌법을 개정하면서부터다. 이전까지는 내각 수상인 김일성이 경제를 포함한 국정 전반을 도맡았다. 북한은 1972년 헌법에서 내각을 정무원으로 바꾸고 정무원 총리를 신설했다. 김일성은 당시 신설된 국가주석에 올랐다. 정무원은 1998년 내각으로 다시 명칭을 변경해 오늘에 이르고 있다.

김일성이 내각 수상으로 권력 투쟁을 한 시기였던 1950~1960년대 북한 경제를 실질적으로 이끈 사람은 정준택이다. 정준택이 맡았던 직책을 정리하면 산업국장, 계획국장, 국가계획위원장, 내각 부수상, 정무원 부총리 등이다. 정준택은 주로 경제 분야에서 일했다. 북한 경제의 초석을 다졌다고 해도 과언이 아니다.

정준택이 김일성과 처음 만난 것은 해방 이후인 1945년 11월

3일이다. 정준택이 황해북도 곡산군 만년광산 지배인으로 근무하고 있을 때다. 정준택은 1911년 경기도 부평군에서 태어나 아버지를 따라 황해남도 개성으로 이사해 고등보통학교를 졸업했다. 그리고 일본으로 건너가 도쿄자혜의과대학東京慈惠醫科大學을 다녔다. 하지만 재학 시절 '적색 독서회 사건'에 관여했다는 이유로 2년 만에 퇴학당했다.

서울로 돌아온 그는 서울고등공업학교에 들어갔다. 하지만 아버지가 돌아가시는 바람에 가정 교사를 하면서 학비를 마련해야 했다. 어렵게 서울고등공업학교를 졸업한 뒤 그는 선광기사 자격증을 취득해 일본 미쓰비시三菱 광업회사 산하 효고兵庫현 생야生野광산에 취직했다. 하지만 멸시와 박대를 받던 중 고민 끝에 1939년 중국 만주광산주식회사로 옮겼다.

정준택은 이곳에서 주임기사가 되는 등 실력을 인정받았고 1945년 4월 귀국해 한국의 최대 중석 생산지인 황해북도 곡산군 만년광산에서 선광기사로 취직했다. 해방 이후 그는 만년광산 지배인으로 승진했고 3개월 뒤 김일성을 만났다. 김일성은 그의 실력을 인정하고 북한의 공업을 담당한 산업국장 자리에 앉혔다. 당시 북한에는 이와 같은 자리에 앉을 사람으로 일제 강점기에 일본 학교를 다닌 사람들이 많았다. 김일성은 장기간 일본 식민지 지배로 인한 저발전 상태를 극복하기 위해 모든 분야에서 지식인을 활용하는 이른바 '인테리 정책'을 실시했다.

하지만 정준택이 오히려 '친일파'로 지목되는 상황이 돼 버렸다. 당시 지식인은 일제하의 관료였거나 도쿄 유학파 출신이 대부분이었다. 김일성은 국가 운영을 위해 과거 친일 행적이 있더라도 간부로 눈감아주고 중용할 수밖에 없었다. 김일성은 '친일파' 논란에 휩싸인 정준택을 보호했고, 1948년 정부를 출범시키면서 북한 '경제작전국'인 국가계획위원회 초대위원장에 그를 앉혔다. 북한은 나라의 모든 경제 사업을 국가계획위원회를 통해 인민경제계획에 반영하고 있다.

김일성은 6·25전쟁이 끝난 이후 사회주의 경제의 토대를 다져갔다. 전쟁 이후라 계획 경제의 필요성이 증가했고 자본주의 국가처럼 시장의 수요와 공급에 기반을 둔 경제를 운용할 수 없었다. 정준택은 해방 직후부터 6·25전쟁 시기, 전후복구건설시기 등 북한이 경제적으로 어려운 시기에 산업과 계획사업을 맡으며 경제 각 부문을 전쟁 이전 수준으로 회복시키려고 노력했다. 김일성은 1980년대 중반 북한 경제가 어려워지자 "정준택이 있을 때는 괜찮았는데"라는 말을 자주 했다.

1950년대 중반 소련의 원조가 삭감되면서 북한은 자본·물자·기술 부족을 자체적으로 해결하기 위해 집단 증산운동인 '천리마 운동'을 본격화했다. 당시 북한 경제의 슬로건은 '중공업 우선, 경공업·농업 동시 발전'이었다. 논리적으로 따져보면 앞뒤가 맞는 얘기일까 하는 의문이 든다. 중공업 우선이면 경공업과 농업은 뒤로 처질 수밖에 없다. 주민들의 반발을 의식해 중공업 우선에다가 경공업·농업 동시 발전이라는 말을 붙였다는 인상이 든다.

그러면 북한은 왜 중공업 우선을 선택했을까? 당시 소련·중국 등 사회주의 국가들은 대부분 중공업 우선 정책을 추진했다. 이유는 3가지다. 첫째, 중공업이 국가 경제 발전 수준과 경제적 실력을 의미했다. 따라서 경제 발전 경쟁에서 다분히 중공업의 비중을 높이는 데 집중했다. 둘째, 국방력과 국민 경제의 전쟁동원 능력을 높일 필요가 있었다. 자본주의와 경쟁하기 위해서는 자주국방을 우선시해야 했고 이를 위해서는 중공업의 발전이 관건이었다. 셋째, 농촌 인구가 대다수였던 북한이 경공업을 우선 성장으로 삼으면 시장 협소와 수요 부족에 부딪칠 수 있었다.

정준택은 북한의 사회주의 경제 건설을 이끌었다는 점에서 중국 계획 경제의 거두인 천원陳雲과 비슷하다. 마오쩌둥毛澤東은 중국 공산당이 계획 경제를 본격적으로 추진하던 1950년대 초 공식 석상에서 "경제는 천원이 제일 잘 안다", "천원 동지가 한

정준택(왼쪽) 내각 부수상이 김일성에게 사업내용을 설명하고 있다.

말들을 새겨듣기 바란다"고 강조했다. 칭찬에 인색했던 마오쩌둥이 누군가를 극찬한 것은 극히 드물었을 정도로 최고 지도자에게 신임을 받았던 부분에서 천원과 정준택은 비슷했다.

북한은 정준택의 삶을 기리며 그를 '오랜 인테리'라 부른다. 그는 북한 정권 수립 시기부터 27년 동안 김일성의 곁을 지키며 지식인으로서 경제를 맡아왔기 때문에 붙여진 별명이다. 북한은 정준택이 1952년 10월 초 폭격 속에서 김일성이 지시를 내린 경제계획문건을 희생적으로 구하려다가 심한 화상을 입은 것을 선전하고 있다.[36] 그의 사명감을 부각시키기 위해서다.

정준택은 1956년 내각 부수상 겸 국가계획위원장에 올랐다. 정준택은 그해 8월 종파사건에서 반김일성연합의 공격 대상이 됐다. 반김일성연합의 윤공흠 상업상은 8월 30일 평양예술극장에서 열린 전원회의에서 "정준택이 친일파를 경제관료로 중용했다"고 누구도 공개적으로 말하지 못하던 것을 대놓고 거론했다. 윤공흠은 김일성 세력에 의해 단상에서 끌어내려졌다.

정준택은 국가계획위원장을 1967년 12월까지 맡았고 내각 부수상(훗날 정무원 부총리)은 1973년 1월 11일 사망할 때까지 역임했다. 내각 부수상을 맡은 이후 그는 1970년 10월 베이징을 방문해 리센녠 부총리와 회담을 갖고 '북·중 경제기술 원조에 대한 협정'을 체결했다. 정준택은 해방 이후부터 27년 동안 김일성 곁에서 북한 사회주의 경제를 다진 일등 공신이었다. 김일성이 정준택을 얼마나 아꼈는지는 1990년 10월 북한의 대표적인 경제 전문가 양성 기관인 원산경제대학을 그의 이름을 따서 정준택원산경제대학으로 개명한 데서 알 수 있다.

정준택이 국가계획위원장을 하던 1960년대는 인민경제발전 7개년 계획(1961~1967)이 국가의 가장 큰 사업이었다. 결과적으로 미흡한 성과 때문에 3년을 연장해 1970년에 완료됐다. 북한은 1970년을 '사회주의 공업국가로 전변'했다면서 큰 의미를 두었다. 7개년 계획 기간 산업의 전 분야에 걸쳐서 큰 성과를 내고 이제 명실상부한 사회주의 공업국가가 됐다는 것이다.

7개년 계획의 성과 가운데 북한이 특히 의미를 두는 것은 두 가지다. 첫째, 완제품 생산의 비중이 높아졌다는 것이다. 각 부문에서 생산하는 부품을 하나의 공장으로 모아 완제품을 생산해내는 능력이 높아진 것이다. 둘째, 공업의 자립성이 강화됐다. 중공업과 경공업 대부분의 분야에서 현대적 기술과 장비를 갖추고 생산하는 시스템을 만들었고 원료 기지와 동력 기지를 강화해 스스로 원료와 동력을 조달할 수 있게 됐다.[37]

김일성은 그의 장례식장에서 유가족들에게 "너희 아버지에게 더 좋은 칭호가 있다면 아낌없이 안겨주겠는데 공화국 영웅 칭호 이상의 것은 없다"고 말했다. 공화국 영웅 칭호는 당과 국가에 대해 위훈을 세우고 대중적 영웅주의와 애국주의를 보여준 사람에 수여하는 최고의 명예 칭호다. 부상으로 공화국 영웅 금별메달을 수여한다. 북한은 김일성이 정준택의 부인인 김정원 씨에게 60돌, 70돌, 80돌, 90돌 생일상을 차려주었다고 선전하고 있다.

정준택 경력	1911년 1월 12일	경기도 부평군에서 출생
	연도 미상	일본 동경자혜의과대학 중퇴,
		서울고등공업학교 졸업
	1939년	만주광산주식회사
	1945년 4월	황해북도 곡산군 만년광산 선광기사
	1945년 11월	북조선 행정10국 공업국장
	1946년 2월	북조선 임시인민위원회 산업국장
	1947년 2월	북조선 인민위원회 계획국장
	1948년 9월	초대 국가계획위원장
	1955년 1월	내각 화학건재공업상
	1956년 1월	내각 부수상 겸 국가계획위원장
	1967년 12월	내각 부수상
	1969년 9월	조선노동당 정치국 후보위원
	1970년 11월	조선노동당 정치국 위원
	1972년 12월	정무원 부총리
	1973년 1월 11일	사망

“김일은 내 오른팔이다.”

김일성

“김일은 답답하다고 할 정도로 과묵한 사람이다.

그것이 그의 장점이기도 하고 흠이기도 하다.

그저 시종일관 입을 꾹 다물고 수걱수걱 일만 했다.”

김일성

“김일 동지는 몇 천만 킬로와트(kwh)의 전력이나

몇 천만 톤(t)의 석탄과 결코 바꿀 수 없는 귀중한 원로이다.”

김정일

김일성의 '오른팔'

김 일

북한의 공식적인 1대 총리는 김일성의 '오른팔' 김일(1910~1984)
이다. '오른팔'이란 표현은 김일성이 직접 언급한 말이다. 김일
의 본명은 박덕산이다. 김일은 해방 직후 김일성이 지어준 이름
이다. 김일성은 "내 이름에서 두 자를 내어 주었다"고 말했다.

김일은 늘 자신의 이름에 대해 "'김'자는 수령님을 언제나 잊
지 말고 생각하라는 뜻이고 '일'자는 한 일 자인데 하나밖에 모
르는 사람이 되어야 한다는 뜻"이라고 설명했다. 아울러 그는
"'김일'이라는 이름을 한평생 오직 수령님 한 분 밖에 모르는 혁
명전사로서 신념의 표시로 간직하고 있다"고 밝혔다. 이 대목은
조총련 월간지 『조국』(2004년 11월호)에 자세히 소개돼 있다.

김일은 북한에서 '수령 결사옹위의 1번수樹'로 불리고 있다.
당과 수령의 영도체계를 세우는 것을 삶의 과업으로 삼고 투쟁

해 왔다는 평가를 받기 때문이다. '1번수'라는 칭호는 김정일 국방위원장이 그에게 붙여 준 정치적 평가다.

김정은 국무위원장은 2016년 5월 열린 제7차 당대회 개회사에서 김일성·김정일 다음으로 항일혁명투사 9명을 한 명 한 명 언급했다. 그 가운데 최현, 오진우, 오백룡 등 쟁쟁한 항일혁명투사들을 제치고 김일을 가장 앞세웠다. 북한에서 그의 정치적 위상을 단적으로 보여주는 사례라고 볼 수 있다.

김일은 함경북도 어랑군의 가난한 농가에서 태어나 간도에서 어린 시절을 보냈다. 김일성을 처음 만난 곳은 1936년 가을 중국 지린성 장백현에 있는 곰의골 밀영에서다. 당시 김일은 중국 공청(공산주의 청년동맹) 연길현 위원회 서기였고, 김일성은 동북항일연군 제1로군 제2군 제6사장을 맡고 있었다. 김일성을 만나기 이전에는 1932년 초부터 지하당 및 대중 단체 사업을 시작했고 1935년 10월 동북인민혁명군(훗날 동북항일연군)에 합류했다.

1940년 이후 김일은 일제의 대토벌을 피해 소련 영내로 이동한 뒤 1941년 우수리스크 근처에 있던 항일유격대의 남야영 당위원회 위원이 됐다. 그리고 1942년 7월 결성한 동북항일연군 교도려에서 김일성이 영장(대대장)이었던 제1영의 당서기가 됐다. 해방 이후 북한으로 돌아온 뒤 1945년 11월 조선공산당 북조선분국 평안북도 당위원장이 됐으며 1946년 4월 북조선공산당 중앙집행위원으로 선임됐다.

1946년 8월에는 신설된 보안간부훈련대대부 문화부사령관에 올랐다. 1948년 2월 조선인민군 창군 때 문화부사령관에 임명됐고, 그해 9월 내각이 만들어질 때 민족보위성 부상이 됐다. 6·25전쟁 중에는 전선사령부 군사위원으로서 군의 정치사상 분야를 담당했다. 하지만 1950년 12월에 열린 조선노동당 중앙위원회 제3차 전원회의에서 군에 대한 정치공작사업 실패를 비판받고 해임되기도 했다.[38]

김일성의 깊은 신임을 받고 있던 그는 곧 재기해 6·25전쟁 이후 1954년 3월부터 내각 부수상 겸 농업상으로 전후 복구건설과 사회주의 기초건설에 전념했으며 1959년 1월부터 내각 제1부수상으로 활동했다. 일각에서는 그를 두고 당과 수령의 지시를 듣는 즉시 이행한다고 해서 '당 정책집행의 제1선 돌격투사'로 불렀다.

북한은 1972년 헌법 개정으로 내각을 정무원으로 바꾸었다. 김일성은 6·25전쟁 이후 북한 경제를 이끌다시피 한 정준택(1911~1973)이 병으로 앓기 시작하자 초대 정무원 총리 자리를 놓고 고민이 많았다. 당시 김일성의 최측근에 있던 혁명 1세대들은 60~70대 고령이 돼가고 있었다.

고민 끝에 김일성은 정준택의 후임으로 1950년대 농업상을 역임했던 김일을 선택했다. 하지만 문제가 있었다. 김일도 1965년부터 앓았던 질환이 1971년 8월 다시 악화된 것이다. 하지만 병은 그에게 큰 장애가 되지 않았다. 그는 1972년부터 병마와 싸우면서 4년간 정무원 총리를 맡았다.

북한은 1971년부터 진행된 인민경제발전 6개년 계획(1971~

1976)을 달성하기 위한 기본 과업으로 '3대 혁명소조운동'을 제시했다. 3대 혁명은 사상·기술·문화 부문에서 현대적 기술을 갖추고 김일성 유일사상으로 무장하며 사회주의 인민으로서 건전한 생활 양식을 따라야 한다는 의식개혁 운동이었다. 김일성이 제안한 '3대 혁명소조운동'은 생산 현장의 생산력 증대 운동과도 연계돼 있었다. 산업 전반을 공업화함으로써 생산성을 향상시키고 기계화를 통해 근로자 해방을 이루고자 했기 때문이다. 이는 경제 발전과 직결된 과제였다. 트랙터와 자동차 생산을 늘리고 농업과 경공업 부문에서 현대화를 이루고자 한 것이 바로 이러한 노력에 해당된다.

북한은 인민경제발전 7개년 계획(1961~1967)이 3년 연장되는 상황을 보고 이를 반복하지 않기 위해 인민경제발전 6개년

김일(앞줄 왼쪽에서 다섯 번째) 총리가 만경대에서 기념사진을 찍고 있다.

계획에 '100일 전투'를 도입했다. 100일 전투는 대중 노력 동원이다. 그 이전에도 이와 유사한 대중 노력 동원이 있었다. 6·25전쟁 직후 평양을 재건하면서 내세운 것이 '평양속도'였고 1950년대 후반에는 하루 천 리를 달리는 말의 속도로 일을 하라는 의미에서 '천리마속도'를 외쳤다. 이런 속도전을 통해 단시일 안에 일정한 성과를 내는 데 성공했다. 그 연장선상에서 1969년에는 '강선속도'를 내세웠다. '강선속도'는 김일성이 1969년 11월 평안남도 남포시의 강선제강소를 방문하면서 시작됐다. 김일성의 관심과 격려로 전체 생산량이 전해에 비해 2배가 넘었다. 이에 김일성은 강선제강소의 작업 속도를 '강선속도'로 이름을 붙였다.[39]

인민경제발전 6개년 계획부터는 '평양속도', '천리마속도', '강선속도' 등 '속도' 대신에 '전투'를 사용하기 시작했다. 이후 북한은 어려울 때마다 인민들을 동원하기 위해 '70일 전투', '150일 전투', '200일 전투' 등 전투적 노력 동원을 시작했다. 북한은 1971년 신년사에서 '100일 전투' 방침 등을 당원과 인민들에게 효과적으로 설명하고 선전했다. 특히 김일성의 생일인 4월 15일이 '100일 전투' 종료 시점과 인접해 있었기 때문에 여기에 의미를 부여하면서 목표치를 상향했다.[40]

하지만 이런 노력에 날벼락이 떨어졌다. 1974년 오일쇼크의 여파로 북한 경제에 '쓰나미'가 불어 닥친 것이다. 중공업 우선 정책을 유지해 오던 북한에게 오일쇼크는 수출에 큰 타격을 주었다. 승승장구하던 북한 경제가 꼬꾸라지던 시기이며 남북한 경제가 역전되는 순간이었다. 이런 상황에서 김일은 운신하기 힘든 몸을 지팡이에 의지한 채 전국 각지를 다니며 경제 사업을 지휘했다. 농사철에는 농촌에 나가 농업 정책을 철저히 관철하도록 했고 겨울철에는 동해안 함경남도 신포시에 나가 물고기 수송조직 사업을 지도했다.

김일성은 1974년 2월 노동당 제5기 제8차 전원회의에서 인민경제발전 6개년 계획의 조기 완성을 위해 이른바 '사회주의 대건설 방침'을 제시했다. 그 내용은 '사회주의 경제 건설의 10대 전망 목표'와 '5개 전선'이었다. '사회주의 경제 건설의 10대 목표는 ①1,200만 톤(t)의 강철고지 ②100만 톤의 유색금속고지 ③1억 톤의 석탄 고지 ④500억 킬로와트(Kwh)의 전력 고지 ⑤2,000만 톤의 시멘트 고지 ⑥500만 톤의 기계가공품 고지 ⑦500만 톤의 수산물 고지 ⑧500만 톤의 화학비료 고지 ⑨10만 정도의 간석지 개간 고지 ⑩1,000만 톤의 곡물 고지 등을 점령하는 것이다. '5개 전선'은 ①기본건설전선 ②공업전선 ③농업전선 ④수송전선 ⑤수산전선 등 5개 전선을 말한다.[41] 북한은 이런 구체적인 목표를 제시하고 '100일 전투'에 이어 '70일 전투'를 시행하는 등 속도전도 계속했다. 하지만 목표 달성을 하지 못하고 1년을 더 연기해 1977년을 '완충의 해'로 공식 선언했다.

김일은 1976년 정무원 총리에서 물러났다. 그 이후 국가 제1부주석을 맡고 전력 증산을 위해 아픈 몸을 이끌고 청천강 화력발전소 건설장을 찾아가기도 했다. 당시 김일은 "직무가 달라졌

어도 그냥 보고만 있을 수 없다"며 책임자로 파견해 줄 것을 자처하고 현지에 나갔던 것이다. 이런 보고를 받은 김정일은 "김일이 몇 천만 킬로와트의 전력이나 몇 천만 톤의 석탄과 결코 바꿀 수 없는 귀중한 원로"라고 격찬했다. 김일성은 당시 상황을 이렇게 회고했다.

어느 해였던지 김일은 당중앙위원회 정치위원회에서 자기를 청천강 화력발전소 건설장에 전권대표로 파견해 줄 것을 요구한 일이 있다. 청천강 화력발전소는 그 당시 국가적 투자와 이목이 집중되던 중요한 건설대상이었다. 그런 것만큼 나도 마음속으로 공사지휘를 담당할 만한 인물을 은근히 물색하고 있던 중이었다.

하지만 나는 그의 제기를 받고 심사숙고하지 않을 수 없었다. 그의 건강상태가 대단히 나빴기 때문이었다. 그가 이전처럼 몸을 돌보지 않고 일하는 날엔 무슨 화단이 벌어질지 알 수 없었다. 김일이 어찌나 집요하게 자기 요구를 되풀이하였던지 나는 그 요구를 들어주지 않을 수 없었다. 그 대신 공사장에 가면 고문격으로 훈수나 하는 정도로 일하되 절대로 무리해서는 안 된다는 조건부를 내놓았다.

김일은 공사장에 가자마자 가설건물에 사무실을 차려놓고 7~8층짜리의 아파트 높이만한 계단을 하루에도 수십 차례씩 오르내리면서 건설을 불이 번쩍 나게 추진시키었다. 그는 섣달 그믐날까지 공사장에 있으면서 불철주야로 일하다가 1호 보이라에 불을 지피는 것까지 보고서야 평양으로 돌아와 나에게 그동안의 사업정형을 보고했다.

김일은 바로 그런 사람이었다. 그가 임종 사흘 전까지 집무실에서 일을 했고 소속 세포에서 당생활총화를 했으며 당중앙위원회의 책임일꾼을 찾아 김정일 동무를 잘 모셔달라는 부탁을 했다는 것은 온 나라가 다 아는 유명한 이야기다. (중략)

김일은 중병에 걸려 지팽이를 짚고 다니지 않으면 안 되는 경우에도 집무실이나 생산현장을 떠나지 않고 당과 혁명을 위해 한가지 일이라도 더 많이 해놓으려고 온갖 정열을 다 바치었다. 그러다가 불치의 병에 걸렸다.

김일은 나를 대하듯이 김정일 동무를 대하였고 나에 대한 의리를 지키듯이 김정일 동무에 대한 의리도 지키었다. 나는 김정일 동무에 대한 김일의 남다른 경모심에 한두 번만 탄복하지 않았다. 김정일 동무가 중국 방문을 마치고 돌아오던 날 김일은 지팽이를 짚고 역에까지 나가 그를 맞이했는데 나는 그 모습을 보고 자기 지도자에 대한 그의 진실한 자세를 두고 감탄을 금치 못했다.

김정일 동무도 김일을 혁명선배로서 각별히 존경하고 사랑했다. 김정일 동무는 늘 김일 부주석 동지가 항일무장투쟁시기부터 우리 당의 강화발전과 혁명승리를 위해 그 누구보다도 견결히 투쟁한 공산주의 혁명투사의 모범이라고 하면서 그를 내세워주고 따뜻이 돌보아주었다.

내가 김일을 나의 오른팔이라고 한 것처럼 김정일 동무도 그를 나의 오른팔로 보았다.[42]

김일은 1979년 12월 한국이 10·26 사태, 12·12쿠데타로 정국이 혼란스러울 때 조국통일평화위원회 위원장을 잠시 맡았다. 그리고 1980년 1월 한국에 대화를 제의했다. 그는 김종필 민주공화당 총재, 김영삼 신민당 총재 등 11명 앞으로 회담을 하자는 편지를 보냈다. 이종옥 총리는 한국 총리 신현확에게 편지를 보내 총리회담을 제안했다. 정치협상회의와 함께 남북 고위당국자회담도 성숙시켜 나갈 용의가 있다고 했다.[43]

북한의 제안에 한국은 긍정 반응을 보였다. 긴장 정국이지만 북한에는 오히려 안정감 있는 모습을 보일 필요가 있었다. 총리회담을 위한 실무접촉을 제안했다. 북한도 여기에 응해 1980년 2월 판문점에서 제1차 접촉을 열 수 있었다. 하지만 한국은 남북 대화에 관심을 쏟을 만한 여유가 없었고, 북한은 총리회담을 열겠다는 진정성이 없었다. 회담의 명칭부터 회담 장소와 의제 그 어떤 것도 합의하기 어려웠다. 특히 북한은 5월부터 남한 총리의 자격을 문제 삼았다. 당시 신현확 총리가 5월 21일 사임하고, 박충훈이 총리서리로 임명돼 있었다. 국회가 휴회 중이어서 동의를 받지 못하고 있었다. 북한은 총리회담에 총리서리가 참석할 수 없다고 주장했다. 실무 접촉은 8월까지 열리고 중단됐다.

한국의 정세 파악을 위해 접촉에 응한 북한은 어느 정도 한국의 상황을 알아볼 수 있게 됐고 더는 접촉을 진행하는 것이 득이 될 것이 없다고 판단한 것으로 보인다. 그리고 북한은 1980년 10월로 예정된 노동당 제6차 대회를 준비하느라 남북대화에 관심을 잃었다.[44]

김일은 생애 말년에 김정일을 후계자로 만드는 데 선봉이 됐다. 그는 오진우·임춘추 등과 함께 『주체위업의 완성을 위하여 영명한 김정일 동지께 충성 다하자』, 『주체위업의 위대한 계승자 영명한 김정일 동지』 등 두 권을 저술했다. 북한은 1984년 김일이 사망한 뒤 평양 대성산 혁명열사릉 맨 위쪽 김정숙(김일성 부인) 등과 같은 라인에 그의 반신상을 놓았다. 아들 박용석(1928~2007)은 노동당 검열위원장을 지냈다.

김일 경력	1910년 3월 20일	함경북도 어랑군 출생
	1932년	지하당 및 대중단체 사업
	1935년 10월	동북인민혁명군(훗날 동북항일연군) 합류
	1936년	중국 공산주의 청년동맹 연길현 위원회 서기
	1942년 7월	동북항일연군 교도려 제1영 당서기
	1945년 11월	북조선공산당 평안북도 당위원장
	1946년 8월	노동당 중앙위원회 위원
	1948년 9월	민족보위성 부상
	1950년 6월	전선사령부 군사위원, 내무성 정치국장, 평안남도 당위원장
	1953년 8월	노동당 중앙위원회 부위원장
	1954년 3월	내각 부수상
	1959년 1월	내각 제1부수상
	1972년 12월	정무원 총리
	1976년 4월	정무원 총리 해임, 국가 제1부주석
	1977년 12월	국가 부주석
	1979년 12월	조국평화통일위원회 위원장
	1980년 10월	노동당 정치국 상무위원
	1984년 3월 9일	사망

66

박성철 동무와 같이 항일혁명투사들이

외국에서 대외사업 경험을 터득하고 돌아와서 외교사업을 한다면

혁명의 이익의 견지에서 볼 때 더 유익할 것이다.

김일성

99

경제보다 외교전문가

박 성 철

김일이 물러난 후 총리 자리를 이어받은 제2대 총리는 박성철 (1913~2008)이다. 그는 군인출신으로 항일혁명 시기 김일성의 '당번병'으로 활동했다. 해방 이후 그는 김일성의 신임을 바탕으로 10여 년간(1959~1970) 외무상을 지내며 북한 외교의 '얼굴마담' 역할을 했다. 총리직은 1년 8개월을 맡았고 최단 재임이었다.

김일과 박성철은 지금의 내각 총리처럼 경제 전문가가 아니었다. 김일성이 경제의 '경'자도 모르는 이들에게 총리에 앉힌 것은 시키는 일을 잘해서였다. 김일성이 시킨 일을 항일유격대식으로 밀어붙일 수 있는 성격이었기 때문이다.

박성철은 경북 경주시 출신으로 1934년 4월 항일유격대인 동북인민혁명군(훗날 동북항일연군)에 입대해 자신보다 한 살

138 북한을 움직인 30인

많은 김일성과 함께 활동했다. 그는 동북인민혁명군에서 중대 청년간부 사업을 하고 중대장 직책을 맡아 정치군사 일꾼으로 활약했다. 해방 이후 그는 항일투쟁 시기 지휘관으로서의 능력을 인정받아 1946년 6월 군 초급간부 양성을 위해 만들어진 중앙보안간부학교(교장 박효삼) 군사부교장을 맡았다. 그는 2년 뒤 조선인민군 제2보병사단 참모장으로 발령이 났다. 그리고 6·25전쟁 중에는 제15사단장으로 참가했다. 하지만 그는 6·25전쟁 당시 연전연패連戰連敗를 당하면서 사단장에서 해임됐다.

하지만 1952년 7월 최고사령부 정찰국장으로 기사회생했다. 김일성은 1954년 9월 "전쟁도 끝났으니 여기 일은 걱정하지 말고 외국에 가서 지내다 오는 게 좋겠다"며 불가리아 북한 공사로 내보냈다. 당시 박성철은 전쟁 중에 복부 수술을 받은 후유증과 위장병을 동시에 앓고 있었다. 북한 매체는 김일성이 몸이 극도로 쇠약해진 박성철을 외국에 보내는 것이 좋다는 의사의 충고를 받아들여 보냈다고 설명하고 있다.[45] 박성철은 1955년 5월 불가리아 북한 대사로 승진했다.

김일성은 1956년 8월 그를 노동당 국제부장으로 불러들였다. 당 국제부는 사회주의권과의 당黨 대 당黨 외교를 담당하는 부서다. 그 이후 외무성 부상을 거쳐 1959년 10월 외무상으로 승승장구했다. 김일성은 박성철을 본격적으로 북한의 대외 활동에 앞장서는 '얼굴마담'으로 키우고자 했다.

김일성은 1965년 인도네시아 방문 때도 그를 데리고 다니며 신흥 세력으로 부상하는 나라들과 좋은 관계를 유지하도록 가르쳤다. 덕분에 박성철은 10여 년간 외무상으로서 외교 분야에서 활동할 수 있었다. 항일유격대 출신으로 유일하게 외교 전문가로 활약한 그는 1964년 6월 북한의 핵심 권력기구인 당 정치국 후보위원에 올랐고 1966년 10월 정치국 위원이 됐다. 1972년 5월부터 시작된 남북대화에서 건강이 나쁜 김영주 당 조직지도부장을 대신해 북한을 대표했으며 내각 제2부수상으로 7·4 남북공동성명의 주역이 되기도 했다.[46] 박성철은 1972년 5월 29일 서울을 방문했다.

박성철의 방한에 앞서 이후락 중앙정보부장이 1972년 5월 2일 평양을 방문했을 때 만난 사람은 김영주 노동당 조직지도 부장이었다. 김일성은 이후락을 만난 자리에서 6·25 전쟁과 관련해 "과거의 일이고 앞으로는 그런 일이 없을 것"이라고 말하고 1월 21일 청와대 습격사건에 대해서는 "좌경맹동 분자들이 저지른 일이고, 박 대통령에게 미안하게 생각한다"고 언급했다. 그 자리에서 김일성은 자주, 평화, 민족대단결이 통일의 원칙이 되어야 한다는 이야기도 했다. 이후락은 한국이 중시하는 상호 비방 중지, 무력사용 금지, 이산가족상봉, 인적·물적 교류, 정치 회담 등을 제안했다.[47]

건강에 문제가 있던 김영주를 대신해 서울에 내려 온 박성철 은 남북대화 석상에서 이전의 북한 사람들과는 다른 풍모를 보 였다고 한다. 몸집이 컸고 악착스럽지 않았으며 대화할 땐 구수 하고 털털하게 말했다. 김일성은 박성철의 털털한 풍모를 보 고 그를 '얼굴마담'으로 활용한 것으로 보인다.

박성철은 이후락과 회담을 갖고 박정희 대통령도 만났다. 평양에서 논의한 내용들을 정리하고 남북조절위원회 구성과 분야별 분과위원회 설치도 합의했다. 이러한 과정을 거쳐 1972년 7월 4일 7·4남북공동성명을 발표했다. 남북한 당국이 주요 문제를 협의한 끝에 만들어낸 첫 공동성명이었다. 제1항은 자주, 평화, 민족대단결의 통일원칙을 밝혔다. 제2항에서 제6항까지는 긴장 완화, 상호 중상·비방 금지, 무력도발 중지, 다방면의 남북 교류, 남북적십자회담 적극 협조, 서울-평양 간 상설 직통전화 개설, 남북조절위원회 구성 운영 등을 명기했다. 제7항은 합의 사항에 대한 성실한 이행을 약속했다.

남북의 당국이 만나 통일의 원칙에 합의하고 중요한 정치적·군사적 문제에 대해 폭넓은 합의를 해냈다는 데에 역사적 의의가 큰 공동성명이었다. 이후 남북회담에서도 준거가 됐다. 하지만 핵심인 통일 원칙에 대해 남북한의 해석은 그때나 지금이나 다르다. 한국은 '자주'를 남북 당사자가 통일을 주도한다는 것, '평화'는 무력을 배제한다는 것, '민족대단결'을 자유와 민주를 바탕으로 민족 구성원 전체의 의사를 결집한다는 뜻하는 것으로 해석했다. 북한은 '자주'를 주한미군이 철수하는 것, '평화'는 북한의 남침 가능성에 대한 우려가 근거 없음을 확인시켜주는 것, '민족대단결'을 남한이 반공 정책을 포기하는 것으로 주장했다. 국제 상황의 변화와 서로의 필요에 따라 회담을 하고 공동성명도 발표했지만, 남북의 인식차이가 컸음을 보여주는 대목이다.

7·4남북공동성명에 따라 1973년 6월까지 서울과 평양에서

3차례 남북조절위원회가 열렸다. 남측은 주로 비정치·비군사 부문부터 협의해 나가자고 주장했다. 반면에 북측은 우선 군사 대표자회담을 열어 군사적 대치를 해결할 수 있는 방안을 논의하자고 맞서 회담의 진전은 보지 못했다.

급기야 북한은 1973년 8월 28일 평양방송을 통해 '6·23선언에 의한 2개의 조선 선포'와 '김대중 납치사건(8월 8일)'을 이유로 남북 대화 중단을 선언하면서 남북 관계는 중단됐다. 한국은 1973년 6월 23일 6·23선언을 내놓았다. 주요 내용은 ①북한의 국제기구 참여에 반대하지 않는다 ②남북한의 유엔 동시 가입도 반대하지 않는다 ③이념과 체제를 달리하는 국가에도 대한민국 문호를 개방한다 등이다. 북한은 남북한이 따로 따로 국제적 활동 영역을 넓혀가는 것에 반대하고 통일로 가야 한다고 주장했다.

북한이 대화를 중단한 이유는 그들이 말하는 것보다는 북한 내부에 있었던 것으로 보인다. 첫째, 북한은 김정일 후계체제 정비가 무엇보다 중요하고 급했다. 김정일이 당내 권력을 확대하면서 1973년 9월에는 당 조직·선전 비서로 선출됐다. 당내 반대 세력을 무마하고 후계자로서 위치를 확정해야 하는 상황이었다. 둘째, 남북 대화를 통해 남조선 혁명의 가능성을 타진해 보았지만 그것이 크지 않음을 인식한 것으로 보인다. 당시 한국 사회는 1972년 유신체제 이후 반공이데올로기가 강화되고 사회통제도 심화되고 있었다. 그런 상황에서 북한이 전통적인 통일전선전술을 한국 사회에서 구사할 여지는 적었다. 그런 이유로 북한은 대화 중단을 선언한 것이다.[48] 북한은 7·4공동성명 이후 회의적인 반응을 줄곧 가지고 있었다. 김정일은 당시 심정을 이렇게 표현했다.

남북공동성명이 발표된 것을 계기로 하여 온 나라가 통일의 열망으로 들끓고 민족적 단합의 분위기가 고조되고 있는 요즘 남조선에서는 남북공동성명의 기본정신에 어긋나는 심상치 않은 움직임들이 나타나고 있다. 남조선 당국자들은 자주, 평화통일, 민족대단결의 3대원칙에 동의하고 그것을 기본내용으로 하는 남북공동성명에 도장을 찍었지만 공동성명을 발표하고 돌아앉자마자 종잇장 한 장에다 운명을 내맡길 수 없다느니, 미군의 남조선주둔은 길면 길수록 좋다느니 하면서 공동성명에 배치되는 발언들을 공공연히 하고 있다. 그들은 또한 공화국 북반부에 대한 비방중상을 중지하지 않고 있다. (중략)
조국통일 3대원칙을 관철하는데서 무엇보다 중요한 것은 자주의 기치를 높이 들고 남조선에서 미군을 철수시키며 일본 군국주의의 재침 책동을 저지 파탄시키기 위하여 투쟁하는 것이다. 우리나라에서 군사적 긴장상태를 완화하고 전쟁을 방지하려면 남북공동성명의 정신에 맞게 북과 남이 서로 상대방을 반대하여 무력을 행사하지 않는데 대한 협정을 맺어야 한다. 그리고 전쟁의 화근인 미제 침략군대를 남조선에서 철수시킨 기초위에서 북과 남의 무력을 대폭 축소해야 한다. 이와 함께 남북쌍방이 정세를 첨예화시킬 수

있는 행위를 하지 않도록 하며 군사적 충돌을 방지하기
위한 적극적인 조치를 취해야 한다. 이러한 실제적 조치를
취하지 않는다면 조국통일을 평화적 방법으로 실현할데
대하여 선언하였다 하더라도 그것은 빈말로 되고 말 것
이다.[49]

박성철은 1976년 4월 정무원 총리에 발탁됐다. 경제 사업은
그에게 생소한 업무였지만 김일성은 자신이 내각 수상으로 지낼
때의 경험을 들려주며 박성철이 총리 역할을 어려움 없이 해낼
수 있도록 도와줬다.

북한은 인민경제발전 6개년 계획(1971~1976)이 차질을 빚
자 1년을 더 연장해 1977년을 '완충의 해'로 정했다. 김정일은
당시의 각오를 이렇게 표현했다.

위대한 수령님께서는 지금 경제사업을 대해 심려하고 계신
다. 우리는 위대한 수령님께서 심려하시는 문제를 푸는데
당사업을 철저히 복종시켜야 한다. 모든 당조직들과 당일
군들은 당사업을 경제사업과 밀착시켜 진행할데 대한 당
의 방침을 철저히 관철해 경제사업에서 나서는 문제들을
옳게 풀어나감으로써 위대한 수령님의 심려를 덜어드려야
하겠다. (중략)
위대한 수령님께서는 올해를 완충의 해로 정하시고 인민
경제 모든 부문에서 새로운 전망계획 수행을 위한 준비사
업을 빈틈없이 갖출데 대한 과업을 제시했다. 우리 당 앞에

나선 방대한 혁명과업을 성과적으로 수행하자면 간부들과 당원들을 정치사상적으로 더욱 튼튼히 준비시키며 당사업을 보다 참신하고 기백 있게 벌려나가야 한다.

당일군들이 낡은 사업방법과 작풍을 없애고 위대한 수령님식 사업방법을 철저히 구현하며 정치실무수준을 높이는 것은 올해 당 앞에 나선 방대한 혁명과업을 성과적으로 수행하기 위해 나서는 매우 중요한 문제다. 당의 노선과 방침이 아무리 정당하고 대중의 열성이 높다 하더라도 당일군들이 혁명적사업방법과 인민적사업작풍을 소유하지 못하고 정치실무수준이 낮으면 대중의 혁명적 열의를 높이 발양시켜 당의 노선과 방침을 옳게 관철할 수 없다. 지금 당일군들이 말로는 위대한 수령님식 사업방법대로 일하겠다고 하지만 실지로는 낡은 사업방법에서 완전히 벗어나지 못하고 수공업적인 방법으로 일하고 있으며 정치실무수준을 높이기 위한 사업도 잘하지 못하고 있다.[50]

박성철은 1977년 1월 경제 대표단을 이끌고 모스크바를 방문해 소련의 지원을 요청했다. 소련은 자국의 제10차 5개년 계획 기간 동안 북한이 요청하는 16개 대상 공장의 신규 건설과 확장에 재정 지원과 기술 원조를 제공하기로 약속했다. 소련의 지원에도 불구하고 북한은 그해 오랜 가뭄으로 산업 현장에 처음으로 전력 부족이 나타나기 시작했다. 북한의 전력 설비는 수력과 화력이 6:4로 수력의 비중이 높다. 따라서 가뭄은 북한 전력 사정에 적신호였다.

박성철은 김일성의 지시에 따라 화력 발전소의 전력 생산을 위해 동분서주했다. 하지만 수력 발전의 감소는 전력 부족으로 이어졌고, 전력 부족은 석탄 생산을 감소시켰다. 전력은 석탄 생산에서 필수 요인이다. 석탄 감소는 또 다시 화력 발전소의 전력 생산에 차질을 빚게 했다. 북한의 이런 악순환은 지금도 반복되고 있다.

그러다 보니 전력공업성과 석탄공업성이 서로 '남 탓'을 하기 일쑤였다. 그래서 북한은 두 부처를 붙였다 떼었다를 반복했다. 전기석탄공업성은 1962년 내각에 처음 만들어졌다가 1972년 전력공업부와 석탄공업부로 분리됐다. 1998년 다시 전기석탄공업성으로 합쳤다가 2006년 다시 지금의 전력공업성과 석탄공업성으로 분리했다. 이렇게 반복하는 이유는 전력과 석탄의 생산이 서로 밀접하게 연결돼 있기 때문이다.

총리까지 승승장구 하던 박성철에게 시련이 다가왔다. 이는 김정일 때문이었다. 후계자 지명 과정에서 박성철은 우유부단한 자세를 취했다. 그것이 김정일에게는 '눈엣가시'였다. 김정일은 그에게 "악질"이라고 말하기도 했다. 김정일은 자신을 후계자로 지명한 것에 불만이었던 사람들에게 톡톡히 분풀이를 했다. 김동규 국가 부주석, 이용무 총정치국장, 지경수 당 검열위원장, 지병학 인민무력부 부부장 등을 숙청했다. 박성철이 김정일의 칼날에 살아남은 것만으로도 다행이었다.

박성철은 1977년 12월 총리에서 물러나고 예순이 넘은 나이에 명예직인 '국가 부주석'을 맡게 됐다. 하지만 80년대 들어 김정일이 명실상부한 후계자가 되면서 박성철의 공식 활동은 점차 줄어들기 시작했다. 김일성은 1993년 박성철 국가부주석의 생일 80돌을 맞아 직접 전화해 축하해 주고 수예품 대형 병풍에 "박성철 부주석의 생일 80돌을 축하하여. 김일성"을 새겨 주기도 했다. 그는 김일성이 사망하기 전까지 최측근에 있었던 혁명 1세 원로였다.

김정일은 1998년 국방위원장으로 재추대되면서 헌법을 개정하고 주석제를 폐지했다. 그해 9월부터 박성철은 국가 부주석 대신에 최고인민회의 상임위원회 명예부위원장에 임명됐다. 그는 2008년 오랜 병환 끝에 95세로 사망하기 전까지 그 자리를 지켰다.

박성철 경력	1913년 9월 2일	경상북도 경주시 출생
	1930년	반일회, 농민협회 등에 가입
	1934년 4월	동북인민혁명군 입대
	1946년 6월	중앙보안간부학교 군사부교장
	1948년 2월	조선인민군 제2보병사단 참모장
	1950년 6월	조선인민군 제15사단당
	1952년 7월	최고사령부 정찰국장
	1954년 8월	주 불가리아 공사
	1955년 5월	주 불가리아 대사
	1956년 8월	노동당 국제부장
	1956년 10월	외무성 부상
	1959년 10월	외무상
	1964년 6월	노동당 정치국 후보위원
	1966년 10월	노동당 정치국 위원
	1967년 12월	내각 부수상 겸 외무상
	1969년 12월	노동당 정치국 상무위원
	1970년 7월	외무상 해임, 내각 제2부수상
	1973년 7월	정무원 부총리
	1976년 4월	정무원 총리
	1977년 12월	정무원 총리 해임, 국가 부주석
	1980년 10월	노동당 정치국 위원
	1998년 8월	최고인민회의 상임위원회 명예부위원장
	2008년 10월 28일	사망

> 그 누가 뭐래도 나는 이종옥 동무를 100% 믿는다.
>
> 아니 200%, 300%를 믿는다.

김일성

공대생 출신 총리

이종옥

북한은 이종옥(1916~1999)을 제3대 총리로 임명하면서 테크노 크라트 시대를 열었다. 이전의 김일·박성철 등 항일빨치산 출신 들이 경제를 담당하던 시대는 지나가고 전문 경제인들이 북한 경 제를 맡기 시작한 것이다.

이종옥은 1940년 중국 하얼빈 공업대학을 졸업한 '공대생'이 었다. 이종옥이 대학을 다닐 때는 일제 강점기로 일본이 이 대 학을 운영하고 있었다. 북한은 일본 대학에서 공부한 사람들을 '식민지 인테리'로 부른다. 이종옥도 그런 사람이었다. 해방 이 후 김일성은 인재들이 필요했기에 일본 대학에 다녔던 이종옥을 함경북도 청진 방직공장 지배인으로 보냈다. 이종옥은 여기서 뜻하지 않는 운명을 맞이했다. 그는 공장을 복구하기 위해 어쩔 수 없이 일본 공장에 근무했던 경력자를 영입했다. 현지인 가운데에는 숙련자가 없었기 때문이다. 하지만 이것이 오해를 불러일으켰다. 이종옥에 불만을 가진 주변 사람들이 '친일 행위'라며 그를 고발한 것이다. 당시 친일 행위는 목숨을 부지하기 어려웠던 시절이었다.

곤란한 처지에 빠진 그를 구한 것이 김일성의 부인 김정숙이다. 김정숙이 청진에 잠시 머물렀을 때 문전걸식하던 여성을 도와준 적이 있었다. 그 여성은 청진 방적공장 직원으로 일한 적이 있었다. 그 여성이 김정숙에게 이종옥의 딱한 사정을 알려준 것이다. 김정숙은 이를 김일성에게 보고해 이종옥은 위기를 모면할 수 있었다. 이종옥에게 김정숙은 생명의 은인이 된 셈이다. 김일성은 훗날 이종옥에게 "김정숙이 그때 나에게 얘기를 하지 않았더라면 동무는 더 큰 고생을 했을 거야"라고 말했다. 이종옥은 주변 사람들로부터 칭찬이 자자했다. 예를 들면 '김일성의 책사'였던 김책이 "똑똑한 지식 청년을 또 한 명 찾아냈다"며 김일성에게 그를 추천했다.

이종옥은 1949년 산업성 부상, 경공업상을 거쳐 1956년 북한 계획경제를 책임지는 국가계획위원장에 올랐다. 그는 국가계획위원장을 맡으면서 노동당 공업부장을 겸직했다. '공대생' 출신이라 피할 수 없는 운명이자 자신의 실력을 발휘할 수 있는 기회였다. 그는 실력을 인정받아 1961년 노동당 제4차 대회에서 정치국 위원이 되면서 정치국 서열 11위로 승진했다.

그 이후로도 승승장구는 이어졌다. 이종옥은 내각 부수상 겸 금속화학공업상을 맡았다. 하지만 사람의 운명은 알 수 없는 법.

그는 1970년 7월 당 중앙위원회 전원회의에서 김일성의 '대안의 사업체계'를 비판했다는 이유로 인민경제대학으로 좌천됐다. 대안의 사업체계는 공장·기업소의 지배인 단독 책임제를 공장 당위원회의 집체적 지도제로 바꾸었다. 이종옥은 이 방식이 효율성을 떨어뜨린다고 본 것이다. 김일성은 이런 이종옥에게 "그 누가 뭐래도 나는 동무를 100% 믿소. 아니 200%, 300%를 믿소"라며 변함없는 신뢰를 보여주었다.

이종옥은 1972년 다시 광업상으로 복귀하고 정무원 부총리를 거쳐 1977년 경제사령관인 총리에 임명됐다. 이종옥이 총리로 임명될 당시 북한은 후계자로 지명된 김정일 시대가 시작될 즈음이었다. 이종옥이 총리로 임명된 데에도 김정일의 영향이 가장 컸다. 테크노크라트였던 이종옥은 김정일에게 필요한 사람이었다. 당시 북한 경제는 화려했던 1960년대를 마감하고 더딘 성장을 하고 있을 때다. 1975년 경제 성장률이 5.4%였는데, 계속 낮아져 1980년에는 3.8%에 불과했다. 쌀 생산량도 1975년에는 281만 톤이었다가 1980년에는 265만 톤으로 줄었다. 이렇게 추락하는 북한 경제를 살릴 '소방수'가 필요했던 것이다.

이종옥은 총리를 맡으면서 인민경제발전 제2차 7개년(1978~1984) 계획을 시작했다. 이 계획의 슬로건은 인민경제의 주체화·현대화·과학화였다. 주체화는 외부의 도움 없이 스스로 동력기지, 원료기지를 확대해 자체 생산 능력을 높이자는 것이다. 현대화·과학화는 생산 공정의 기계화와 자동화를 전면적으로 실현하자는 구호였다. 이 슬로건은 지금도 현장에서 사용되고 있다. 북한은 경제 발전을 위해 사회적으로는 '숨은 영웅 따라 배우기 운동'을 벌였다. 공장 노동자들 속에서 모범이 되는 사람을 골라내 그를 전면에 내세워 닮도록 하는 운동이다. 종전의 운동이 집단적 노력 경쟁을 독려하는 것인데 반해 이 운동은 개인적 모범을 창출해 내려는 의도를 가지고 있었다.

이런 노력에도 불구하고 북한 경제는 옛날로 다시 돌아가지는 못했다. 하지만 김정일은 이종옥의 노력만큼은 인정했다. 그래서 1980년 노동당 제6차 대회에서 이종옥을 노동당 상무위원으로 임명했다. 총리가 노동당 상무위원을 겸한 첫 번째 사례였다. 북한은 보직보다 정치국 서열이 더 중요하다. 총리가 경제 정책을 제대로 운영하려면 정치국 서열이 높아야 한다. 중국을 보더라도 리커창 국무원 총리가 정치국 서열 2위다. 원자바오전 총리는 정치국 서열 3위였다. 하지만 북한은 총리가 정치국 서열에서 중국처럼 높지 않은 경우가 많았다. 이종옥은 비非 항일빨치산 출신에다가 테크노크라트 출신으로 정치국 서열 5위가 되었다. 박성철(6위), 최현(7위), 임춘추(8위) 등 쟁쟁한 항일빨치산 출신들을 제친 것이다.

이종옥은 1981년 1월 중국을 방문했다. 북한 경제의 급한 불을 끄기 위해서였다. 당시 북·중 관계는 불화와 갈등이 끊이지 않았다. 북한은 미·중 수교(1979년)를 제국주의와의 타협으로 간주했다. 중국은 북한의 친소화를 비난했고 함경북도 나진항의 소련 편입을 우려했다. 이런 상황에서 중국은 대북한 원유 공급량을 10% 감축했다. 북한이 전국에 석유 10% 절약령을 하달하는 등 적극적으로 맞서자 중국은 원유 공급을 아예 중단하겠다고 통고했다. 중국은 북한이 완전히 굴복할 때까지 괴롭히면서 못 견딜 지경까지 끌고 갔다. 김일성이 직접 나서거나 최소한 총리가 베이징으로 달려가서 중국을 달래야 할 상황이었다. 그러나 중국은 이종옥과의 협상에서 석유 공급 가격을 국제 가격으로 인상할 것을 요구했기 때문에 해결의 기미를 찾지 못했다.[51] 결국 김일성이 1982년 9월 베이징을 방문하면서 중국을 겨우 진정시켰다.

이종옥은 총리에서 물러난 뒤 국가 부주석으로 활약했다. 그는 1986년 7월 북·중 우호 협조 및 호상 원조에 관한 조약 체결 25주년을 맞아 최정근 무역부장과 함께 중국을 방문했다.

이종옥(오른쪽) 국가 부주석이 국가 주요 간부들에게 경제 계획에 대해 설명하는 김정일의 말을 듣고 있다.

덩샤오핑은 그에게 중국의 개혁·개방 정책을 설명하고, 한국에 대한 중국의 입장을 설명했다. 덩샤오핑은 "중국은 20세기 말이면 중등 국가 수준의 변화를 맞게 될 것이며 GDP 규모가 1조 달러, 1인당 국민소득이 800~1,000 달러 수준이 될 것"이라고 전망했다. 또한 그는 중국이 한국과의 관계를 발전시키는 것이 유익무해有益無害하다고 생각했고, 경제적으로는 쌍방 발전에 모두 유리하고 정치적으로는 중국의 통일에 유리하다고 판단했다.[52] 이종옥이 중국을 방문한 목적은 대북한 석유 수출량을 늘려줄 것과 장기 무역협정 체결을 교섭하기 위해서였다. 그러나 중국 측의 반응은 냉랭했다. 그 과정에서 이종옥은 덩샤오핑으로부터 중국의 원대한 경제 발전 계획을 들었다. 이런 덩샤오핑의 말 속에는 '조선도 서둘러 개혁·개방 정책을 실시하라'는 의미가 들어 있었다.[53] 결국 이종옥은 빈손으로 돌아올 수밖에 없었다. 북한 경제의 '소방수'도 덩샤오핑을 감당하기에는 역부족이었다.

북한은 그가 사망한 뒤 "해방 후 첫 시기부터 오늘에 이르기까지 조국의 융성발전을 위해 활동해 온 재능 있는 지도 일꾼"이라고 기록했다.

이종옥 경력

1916년 1월 10일	함경북도 김책시 출생
1940년	중국 하얼빈 공대 졸업
1948년	함경북도 청진 방직공장 지배인
1950년	산업성 부상
1951년 2월	경공업상
1956년 1월	노동당 공업부장, 국가계획위원장
1956년 4월	노동당 정치국 후보위원
1960년 1월	내각 부수상
1961년 9월	노동당 정치국 위원
1962년 10월	내각 부수상 겸 금속화학공업상
1965년 9월	국가과학원 원장
1967년 12월	내각 부수상
1970년 7월	인민경제대학으로 좌천
1972년 6월	광업상
1976년 12월	정무원 부총리
1977년 12월	정무원 총리
1980년 10월	노동당 정치국 상무위원
1984년 1월	정무원 총리 사임, 국가 부주석
1998년 9월	최고인민회의 상임위원회 명예부위원장
1999년 9월 23일	사망

> 강성산 동무는 과묵하지만
>
> 붙임성이 좋고 실무능력이 뛰어나다.

김일성

김정일의 눈칫밥에 기죽은 총리
강 성 산

북한에서 총리직을 2번 한 사람이 2명 있다. 강성산(1931~2007)
과 박봉주다. 강성산은 4대 총리(1984~1986)와 7대 총리(1992~
1997)를 지냈다. 강성산은 첫 번째 총리를 마치고 지방으로 좌천
됐다가 6년 뒤에 다시 총리로 복귀했다. 남들은 '복'도 많아 두 번
씩이나 총리를 한다고 하겠지만 그에게는 불편했던 시기였다.

강성산은 중국에서 태어났다. 아버지는 강위련이고 삼촌은
강위룡이다. 강위련은 항일혁명 시기 기관총 분대장을 맡았던
인물이다. 강위룡은 해방 이후 김일성의 호위사령부 책임자였
다. 이런 인연으로 강성산은 어릴 때부터 김일성의 사랑을 톡톡
히 받으며 출세 가도를 달렸다. 강성산은 혁명 유자녀를 북한
최고의 엘리트로 양성하는 만경대혁명학원을 졸업한 후 체코
프라하 공대를 유학하며 테크노크라트로 성장했다. 당시 유학

동문으로는 5대 총리 이근모와 6대 총리 연형묵이 있다. 김일성은 1969년 군수 시설들이 모여 있는 자강도 당 책임비서에 강성산을 보냈다. 이후 그는 평양시 당 책임비서를 거쳐 1973년에는 평양시 인민위원장을 맡는 등 승승장구했다.

그와 동시에 그는 정치국 후보위원으로 임명되면서 권력의 핵심부에 들어섰다. 1975년에는 정무원 교통체신위원장을 맡아 중앙 부처에서 실력을 인정받았다. 이후 정무원 부총리를 거쳐 1984년 정무원 총리에 임명됐다. 그는 김일성의 신임을 받았지만 김정일과 사이가 좋지 않았다. 그 이유는 그가 김일성의 둘째 부인 김성애의 남동생 김성갑과 각별한 사이였기 때문이다. 김정일과 김성애는 물과 기름이었다. 그런 상황에도 불구하고 강성산은 평양시 인민위원장에 있을 때 김성갑을 위해 집을 지어주기도 했다.

김성갑은 누나의 위세를 등에 업고 1960년대 중반 평양시 당 조직비서를 맡는 등 군과 당에 자기 세력을 확장하려고 했다. 김정일은 김성갑과 어울려 다니는 강성산이 좋게 보일 리 없었다. 실제로 그는 첫 번째 총리직에 있으면서 김정일의 눈치를 보며 살아야 했다.

1980년대 북한의 경제 성장은 상당히 둔화돼 있었다. 자력갱생을 구호로 국가 계획경제에만 집중한 결과다. 한편, 중국은 1979년 '중외합작경영기업법'을 제정해 자유무역 지대인 경제특구를 설치하고 대외 개방 정책으로 경제 성장을 이루고 있었다. 중국의 경제 성장을 지켜본 북한은 외국으로부터 기술 및 자본 도입의 필요성을 실감했다. 이에 1984년 북한은 외국과의 합작 투자를 위한 합영법을 제정했다.

그 핵심 내용은 외국인의 직접투자와 합작투자를 허용한다는 것이다. 합작기업 형태는 유한회사로 하면서 이사회가 최고의결 기관이었다. 합영 비율은 제한이 없었다. 합작 업종은 전자, 자동차, 금속, 채취, 기계, 화학, 식료품 가공, 피복, 일용품, 건설, 운수, 관광 등의 분야였다. 합영법의 직접적인 목표는 외자를 끌어들이는 것과 서방의 선진기술을 도입하는 것이었다. 서방기업이 투자를 하면서 합영을 하게 되면 선진공업기술도 함께 들어올 수 있었다.

합영법은 자력갱생과 자립적 민족경제를 기본 방침으로 하는 북한 경제에 중요한 변곡점이 됐다. 종전에는 기피 대상이던 서구 자본주의의 국가들의 자본을 받아들이고 이들과 기업을 공동으로 경영한다는 것이니 획기적인 변화였다. 경제성장을 위해서는 대외 개방도 하겠다는 북한 지도부의 의지를 표현했다.[54]

김일성이 1985년 6월 일본의 시사 잡지 『世界』 편집국장과 인터뷰를 했는데, 여기서 합영법 도입의 의도를 여실히 밝혔다.

우리 공화국은 사회주의 나라들뿐 아니라 우리나라를 우호적으로 대하는 자본주의 나라들과도 경제기술적 교류와 협조를 발전시켜나가고 있다. 우리는 세계 여러 나라들과의 경제기술적 교류와 협조들 더욱 확대발전시키기 위해 지난해에 '조선민주주의인민공화국 합영법'을 채택하고 공업과 건설, 운수, 과학기술, 관광업을 비롯한 여러 분야에서 다른 나라들과 합영을 장려하고 있다. 합영법이 발표된 다음 많은 나라들에서 우리나라와 경제 합작과 기술 교류를 전행할 것을 새롭게 요구해 나서고 있다. 이것은 매우 좋은 일이라고 생각한다. 우리는 우리나라를 우호적으로 대하며 우리나라와 경제기술적 교류와 협조를 발전시킬 것을 요구하는 나라들에 대해서는 사상과 이념, 제도의 차이에 관계없이 언제나 환영할 것이며 평등과 호혜의 원칙에서 경제적 합작과 교류를 진행해 나갈 것이다.[55]

강성산이 총리로서 합영법을 주도했다. 북한은 합영법을 시행함으로써 본격적인 개혁·개방을 모색했다. 강성산은 1985년 12월 모스크바를 방문해 고르바초프를 만나 '경제 및 기술적 협조에 관한 협정'을 체결했다. 당시 북한은 소련과의 경제 협력 덕분에 이전의 부족했던 부분을 보완하고 제3차 7개년계획(1987~1993)을 시작할 수 있었다. 북한은 대외 경제개방 정책을 추구하던 중국보다 소련의 노선이 북한에 보다 유리하다고 판단해 소련과의 협력을 강화하려고 했다. 특히 이번 회담에서 조인된 협정 가운데 북한에 원자력 발전소를 건설하는 데 대한 경제·기술적 협조를 담은 협정은 소련이 북한에 핵기술을 제공한다는 것을 의미한다.[56]

그러나 북한의 개혁·개방 시도는 기대만큼 성과를 내지 못했다. 북한이 합영법을 운영하면서 기대했던 공업·운수·건설·

과학기술·관광 사업의 투자와는 달리 실제로는 소규모의 경공업과 서비스업에서만 투자가 이뤄진 것이다. 서방국가들과의 협의는 크게 진전을 이루는 경우가 드물었고 조총련 관계자들의 진출만이 어느 정도 활기를 띠는 정도였다. 그 이유는 사회 기반시설이 부족했기 때문이다. 도로와 항만 등 서방의 자본을 끌어당길 만한 기본 여건이 제대로 갖춰지지 않았다. 또 투자수익 반출에 대한 보장이 미약했다. 그 때문에 북한 지도부의 기대와는 달리 서방국가들과의 합작은 거의 이뤄지지 않았다.[57]

강성산은 합영법 시행에 대한 책임을 지고 총리직에서 해임됐다. 이후 그는 1988년 함경북도 당 책임비서로 물러났다. 하지만 이 인사가 좌천인지에 대해서는 애매한 부분이 있다. 강성산은 함경북도 당 책임비서로 내려가 나진-선봉자유무역지대(현재 나선경제무역지대) 창설의 기반을 닦았고 4년 뒤 다시 총리로 복귀했다. 그가 총리로 복귀한 것은 제3차 7개년계획에 큰 차질이 생겼기 때문이다. 연평균 성장률 7.9%, 국민소득 1.7배의 목표에 전혀 미치지 못했고, 각종 지표는 오히려 계획을 시작한 때보다 전반적으로 떨어졌다. 김일성은 강성산이 과묵했지만 붙임성이 좋고 실무능력이 뛰어난 점을 높이 평가해 다시 기회를 주었다. 이로써 그는 두 번째 총리(1992~1997)를 맡게 됐다.

하지만 시기적으로 그의 총리 재임은 불운했다. 첫째, 그를 아껴주었던 김일성이 1994년에 사망했다. 둘째, 두 번째 총리 재임 기간에 '고난의 행군(1995~1997)'으로 불리는 북한 경제의 최악의 시기가 덮쳤다. 경제 전문가였던 강성산도 '고난의 행군' 시기에 아무 힘도 쓸 수 없었다. 김정일의 지시대로만 움직이는 '식물 총리'였다. 그리고 지병으로 병원에 누워 있는 경우가 많았다. 그래도 김정일은 강성산을 총리에 앉혀 두었다. 어려운 시기에 말馬을 갈아타는 것은 아니라고 판단했었나 보다. 그는 고난의 행군이 끝나가던 1997년 2월 홍성남 총리대리 체제가 들어서면서 일선에서 물러났다. 이후 사망할 때까지 그의 행적은 공개되지 않았다.

강성산 경력	1931년 3월 3일	함경북도 경성군 출생
	1959년	체코 프라하공대 졸업
	1969년 8월	자강도 당위원회 책임비서
	1969년 11월	평양시 당위원회 책임비서
	1973년 3월	평양시 인민위원회 위원장
	1973년 10월	노동당 정치국 후보위원
	1977년 12월	정무원 부총리
	1979년 9월	정무원 부총리 겸 철도부장
	1980년 10월	노동당 정치국 위원
	1982년 2월	정무원 제1부총리
	1984년 1월	정무원 총리
	1986년 12월	정무원 총리 해임
	1988년 3월	함경북도 당위원회 책임비서 겸 인민위원장
	1992년 12월	정무원 총리
	1998년 9월	내각 총리 해임
		(1998년 9월 정무원에서 내각으로 변경)
	2007년	사망

복지부동 총리
이근모

북한의 5대 총리는 이근모다. 재임 기간은 1986년 12월부터 1988년 12월까지로 2년이었다. 총리 가운데 최단 재임했던 박성철보다 4개월 더 재임한 셈이다. 이근모는 탈북민들도 기억을 못할 정도로 존재감이 거의 없었다. 전임 강성산 총리가 김정일의 '눈칫밥'에 기를 펴지 못했듯이 이근모도 마찬가지였다. 서슬 퍼런 김정일 밑에서 살아남으려면 복지부동이 최고였던 것이다.

우리가 어렴풋이 그를 기억하는 것은 1987년 1월 총리를 맡자마자 오진우 인민무력부장과 함께 공동명의로 한국에 남북고위급 정치·군사 회담을 제의한 정도다. 하지만 당시에는 성사되지 못했다. 남북고위급회담은 1990년 9월에 가서야 비로소 서울에서 열렸다. 당시 연형묵 총리가 단장으로 내려왔다. 이근모는 한국이 올림픽과 아시안게임 등으로 흥분의 도가니에

빠져 있을 무렵에 총리직에 올라 1987년부터 시작한 제3차 7개년계획(1987~1993)에 매진하고 있었다. 그가 총리에 임명된 것은 개혁 성향 때문이다. 김일성이 준퇴진 상태가 됐고 권력이양 과정을 밟고 있던 당시 김정일에게는 개혁 성향을 가진 사람이 필요했다.

이근모는 전형적인 테크노크라트 출신이다. 김일성종합대학을 거쳐 소련 레닌그라드공업대학에서 기계공학을 전공했다. 1953년 노동당 조직지도부 과장을 시작으로 공직 생활을 시작했다. 그는 조직지도부에서 조직 관리에 특출한 수완을 발휘했다. 이것이 그의 승승장구의 밑거름이 됐다. 그 이후 당 기계공업부장과 평안남도 당 책임비서·인민위원장, 정무원 부총리 겸 채취공업부장을 거쳐 1986년 정무원 총리에 임명됐다. 그의 추진력과 해박한 과학기술 지식이 총리로 발탁된 이유였다. 그가 맡은 첫 번째 임무는 제3차 7개년계획을 조기에 성공시키는 것이었다. 제3차 7개년계획의 특징은 이전의 경제 계획에 비해 목표치를 하향 조정한 점이다. 제2차 7개년계획(1978~1984)은 과거에 비해 국민소득 1.9배, 공업총생산 2.2배였지만, 제3차 7개년계획은 국민소득 1.7배, 공업총생산 1.9배였다.

이근모는 이런 하향 조정에도 불구하고 고전을 면치 못했다. 중공업 우선의 경제 발전 전략에 근본적인 문제가 있었던 것이다. 북한은 전쟁 상황이나 전쟁을 준비하는 조건에서 적용되는 중공업-경공업-농업 순서를 6·25전쟁이 끝난 이후에도 버리지 않았다. 그 이유는 북한은 여전히 미국과 전쟁 중이라고 인식했기 때문이다. 국가 규모가 작고 경제 발전 수준이 낙후된 국가가 중공업 중심의 공업화를 고집할 경우 농업과 경공업은 더욱 낙후시킬 수밖에 없다. 그 영향 탓에 북한은 국민 경제의 기형적 발전과 생산력의 위축, 그리고 인민 생활의 쇠락을 가져왔다.

이에 반해 중국은 마르크스-엥겔스의 유물론을 근거로 사람들에게 의식주 문제가 가장 중요하다는 것을 깨닫고 농업-경공업-중공업 순서를 채택했다. 그 결과 중국은 북한과 다른 길을 가게 됐다.

제2차 7개년계획에서 '재미'를 보지 못한 김일성은 실패를 반복할 수 없었다. 그래서 중국에게 손을 내밀기 위해 1987년 5월 베이징을 방문했다. 제3차 7개년계획의 성공적인 수행과 경제 발전을 위해 중국의 지원이 어느 때보다 절실했기 때문이다. 하지만 과거에 비해 대규모 방문단은 아니었다. 필요한 인원만 대동했다. 허담 대남비서, 김영남 외교부장, 이종옥 전 총리가 수행하는 정도였다. 허담은 전 외교부장 자격으로 데리고 갔다.

하지만 중국은 여유가 없었다. 4대 현대화 사업(농업, 공업, 국방, 과학기술)에 소요되는 투자 증대에 따라 외부에 대한 지원을 매우 제한했다. 따라서 상황이 호전되면 대북 지원을 개선하겠다는 입장이었다. 김일성은 그해 11월 이근모를 중국에 보냈다. 마침 중국은 제13차 당대회가 끝난 이후라 중국 지도부는 기분이 들떠 있을 때였다. 새로운 공산당 총서기로 선출된 자오쯔양은 "중국은 조선노동당과 조선인민이 우리 당 제13차 대회를 열렬히 축하해 준 것에 대해 충심으로 감사를 표한다"며 "오늘 조선인민은 새로운 7개년계획의 웅대한 목표를 실현하기 위해 힘차게 전진하고 있다"며 북한을 추켜세웠다.

하지만 덩샤오핑은 달랐다. 이근모는 그의 장황한 '설교'를 들어야 했다. 덩샤오핑은 이근모에게 중국의 개혁·개방에 대한 당위성을 설명하고 북한에 이것의 필요성을 간접적으로 강조했다. 북한이 간절히 원했던 경제지원은 언급이 없었다. 김일성에 이어 이근모도 '빈손'으로 귀국했다. 기대했던 중국의 지원은 없는데다가 처음부터 삐걱거렸던 제3차 7개년계획은 1993년에 경제 계획의 실패를 시인하는 단계에 이르렀다. 북한은 1993년 12월 당 중앙위원회 제6기 제21차 전원회의에서 주요 목표들이 미달됐다고 인정했다.

이근모는 1988년 12월 국가보위부(현 국가보위성) 마약 판매 담당이었던 자신의 아들이 총살을 당하고 지병까지 도지자 총리직에서 물러났다. 당시는 억울했을지 몰라도 결과적으로 운이 좋았다. 그가 총리에서 물러난 다음 해인 1989년부터 소련 및 동유럽 사회주의 국가들의 체제 붕괴로 북한의 대외 경제 환경이 극도로 악화되기 시작했다. 결국 제3차 7개년계획의 실패는 후임 연형묵 총리가 뒤집어쓰게 됐다.

이근모는 총리에서 물러난 뒤 4년 뒤인 1992년 함경북도 당 책임비서 겸 인민위원장으로 복귀했다. 전임자인 강성산이 다시 총리에 임명되면서 그 자리를 이어받았다. 이근모는 김정일이 1998년 함경북도 성진제강연합기업소를 현지 지도할 때 수행했으며 그 이듬해 함경북도를 다시 찾았을 때도 그를 수행했다.

이근모는 2001년 7월 그 자리에서 물러났으며 그 이후의 행적
은 공개되지 않았다.

이근모 경력

1926년 4월 5일	평안남도 출생
연도 미상	김일성종합대학 졸업
1949년	소련 레닌그라드공업대학 졸업
1958년 5월	노동당 중앙위원회 부부장
1964년	노동당 기계공업부장
1969년 1월	노동당 중공업부장
1969년 11월	평안남도 당위원회 책임비서
1970년 11월	노동당 정치국 후보위원
1972년 12월	정무원 부총리
1973년 4월	평안남도 인민위원장
1973년 10월	노동당 정치국 위원
1980년 7월	남포시 당위원회 책임비서
1986년 2월	노동당 비서국 비서
1986년 12월	정무원 총리
1988년 12월	정무원 총리 해임
1992년 12월	함경북도 당위원회 책임비서
2001년 7월	함경북도 당위원회 책임비서 해임

> 연형묵은 사람을 함부로 깎아내리지 않고
> 아첨하지 않는 제대로 된 간부다.

김일성

나는 언제나 연형묵 동무를 잊지 않고 있다.
그는 나의 추억 속에 남아있는 혁명동지다.
세상을 떠난 사람이 다시 돌아올 수는 없지만
그는 언제나 나와 함께 있다.

김정일

연형묵 동무가 없으면 김정일도 없다.

김정일

김정일의 예스맨
연 형 묵

북한의 6대 총리는 '김정일의 예스맨' 연형묵(1931~2005)이다. 1990년대 김정일의 측근 가운데 3명을 꼽으라면 연형묵, 김용순, 이용철을 꼽을 수 있다. 김용순(1934~2003)은 대남 관계를 총괄했던 당 통일전선부장, 이용철(1928~2010)은 당 조직지도부 제1부부장으로 군 간부의 인사를 한 손에 쥐고 있었다.

김정일이 2008년 뇌졸중을 일으킨 이후 감상적으로 빠질 때도 연형묵은 자주 입에 오른 3명에 포함됐다. 나머지 2명은 김용순, 허담이었다. 허담(1929~1991)은 1970~1980년대 김정일이 아꼈던 외교부장이었다. 이처럼 연형묵은 김정일에게 없어서는 안될 사람이었다.[58]

1931년 함경북도 경원군에서 태어난 연형묵은 어려서 아버지를 따라 만주로 이주했다. 만주로 건너가 포수 생활을 하면서 어렵게 가정을 꾸려가던 연형묵의 부친은 우연히 김일성을 만나게 된다. 한 증언에 따르면 연형묵의 가족이 북만주의 노야령 깊은 산골에서 살던 어느 해 겨울, 혹한 속에서 김일성이 독감에 걸려 노야령을 넘다가 사경에 빠졌을 때 우연히 연형묵의 집을 찾게 됐고, 가족들의 간호로 김일성이 건강을 회복해 첫 인연을 맺어졌다고 한다. 이후 김일성이 자주 연형묵의 집에 들러 피신해 묵어도 가고, 어린 연형묵도 김일성의 심부름을 해주는 등 어려서부터 인연이 있었다는 것이다.

9살 때 부모를 잃고 만주에서 고아처럼 떠돌던 연형묵은 1946년 6월 항일빨치산 출신의 박영순, 임춘추, 김좌혁 등이 주축이 돼 일제시기 항일빨치산 희생자 가족들을 찾아 나선 북한 대표단을 만나 평양에 들어올 수 있었다. 이때 40여 명의 유가족이 처음으로 귀국했다고 한다. 북한 대표단이 찾아 보낸 유가족들은 대개 돌보는 사람이 없었기 때문에 거지생활이나 그보다 못한 비참한 생활을 했다.

연형묵은 1947년 10월 김일성의 부인 김정숙이 제의해 세운 평양혁명자유가족학원(현재 만경대혁명학원의 전신) 1기생으로 입학했다. 만경대혁명학원은 항일빨치산 시절 숨진 전우들의 고아들을 보호하고 교육을 시킨 곳이다. 1기생은 320명. 학생들의 연령은 9~23세로 남자 296명, 여자 24명이었다. 당시 생존해 있던 김책, 강건 등 항일빨치산 출신의 아들들도 입학했다. 전병호·김국태 노동당 비서, 김영춘 인민무력부장, 오극렬 국방위원회 부위원장, 최태복 최고인민회의 의장, 김병률 중앙재판소장 등이 대표적이다. 연형묵은 당시 16세로 항일빨치산 관련자 중에서는 맏형격이었고 당시 5살이었던 김정일과 자주 어울렸다.[59]

김일성종합대학을 졸업한 후 6·25전쟁이 나자 호위병으로 발탁된 그는 김일성과 체격이 비슷해 구두를 바꿔 신었을 정도로 김일성의 신임이 두터웠다. 김정일에게는 형과 같은 존재였다. 1970년대 김정일의 파티 동료로서 수령의 아들에게 직언을 할 수 있는 유일한 인물이었다.

연형묵은 1953년 체코 프라하 공대에 입학했다. 동문으로 수학한 사람은 최영림 전 총리, 김시학 전 김일성고급당학교장, 김병률(1930~2013) 전 최고재판소장 등이다. 연형묵은 1959년 귀국한 뒤 자강도 전천군 65호 공장 기사장, 희천공작기계공장 직장장·기사장을 거치면서 출세 가도를 달렸다. 1962년 당 중공업부 부부장을 시작으로 1968년 당 중공업부장을 거쳐 1970년 당 비서에 올랐다. 그는 1983년 6월 후야오방 중국 공산당 총서기의 초청으로 중국을 처음으로 방문하는 김정일을 오진우 인민무력부장과 함께 수행하기도 했다. 이어서 1985년 정무원 부총리 겸 금속 및 기계공업위원장을 거쳐 1988년 이근모의 바통을 이어 받아 총리에 올랐다.

한국인들에게 기억되는 연형묵은 1990년 9월 서울 강남의 인터콘티넨탈 호텔에서 강영훈 총리와 악수하는 장면이다. 제1차 남북고위급회담의 시작이었다. 그 이후 15개월에 걸쳐 치열한 논쟁을 거친 뒤 역사적인 남북기본합의서(1991년 12월 13일)를 체결했다. 체결 당시 연형묵이 북한 대표단장을 맡았고 한국은 정원식 총리가 서명했다. 이때까지만 해도 연형묵은 승승장구했다. 하지만 당시 총리로서 연형묵의 가장 큰 역할은 북한 경제를 살리는 것이었다. 1987년부터 시작한 제3차 7개년계획이 초반부터 삐걱거려 이근모 대신에 연형묵이 총리로 앉았다. 하지만 구조적으로 문제가 많았던 북한 경제에 김정일의 총애를 받던 연형묵이라도 뾰족한 대책이 없었다.

연형묵은 1992년 7월 남북기본합의서 체결 이후 화해·협력을 이어가고 남북경협을 통한 북한 경제의 새로운 돌파구를 마련하려고 김달현 부총리를 서울로 보냈다. 김달현은 세 가지 협력 사업을 제시했다. 첫째, 시베리아-북한-한국을 연결하는 가스관 건설 사업에 관한 남북 간 협력이다. 둘째, 원자력 발전소의 공동 건설 및 전력 공동 사용에 관한 남북 간 협의였다. 셋째, 남포 경공업단지 합작 건설에 대우의 즉각 참여를 승인해 달라는 것이다. 하지만 김달현은 '남포 경공업단지 기술조사단 파견'과 '최각규 경제부총리의 평양 방문 초청 수락'이라는 합의만 들고 돌아갔다.

당시 제1차 북핵 위기가 불거지면서 한국은 '선 핵문제 해결 후 경제 협력'이라는 핵연계전략의 입장을 분명히 했고 북한이 요구한 경협 시범사업 추진을 사실상 거부했다. 남포 공단 조사단의 파견은 이뤄졌지만 그 이상의 진전은 없었다. 경제부총리의 평양 방문 계획도 '남한 조선노동당 간첩단 사건'으로 무산됐다. 김달현의 서울 방문은 결실을 맺지 못했고 북한 강경파

연형묵(오른쪽) 비서가 청진조선소를 찾아 현지지도를 하는 김정일을 수행하고 있다.

들은 이를 '장밋빛 환상'이라고 공격했다. 제3차 7개년계획의 '마지막 희망'이 사라지면서 연형묵은 1992년 12월 총리에서 해임되고 자강도 당 책임비서로 좌천됐다. 김달현도 남북경협 실패의 책임을 지고 1993년 12월 해임됐다.

자강도로 쫓겨난 연형묵은 1998년 '강계정신'으로 다시 복귀했다. 강계정신은 김정일이 1998년 1월 자강도 강계시 일대를 시찰한 것을 계기로 북한이 대대적으로 내세웠던 슬로건이다. 북한 전역에서 고난의 행군으로 아사자가 속출하고 공장 대부분이 문을 닫는 상황에서 자강도 주민들은 연형묵의 지휘하에 중소형 발전소 건설 등 스스로 경제난을 극복하려고 노력한 데서 생긴 말이다.

연형묵이 자강도에서 '강계정신'을 시작한 것은 김정일의 지시에 따른 것이다. 김정일은 1996년 9월 자강도 당 책임비서로 있던 연형묵을 불러 "'고난의 행군'을 하루 빨리 끝내려고 하는데 자강도를 본보기로 내세우려고 하니 한번 시도해 보라"고 지시했다.

나는 고난의 행군, 강행군시기를 생각할 때면 강계정신을 창조한 자강도 인민들을 먼저 추억하게 된다. 자강도는 위대한 김일성 동지께서 특별히 관심하신 도이다. 수령님께서는 30여 차례나 자강도를 현지지도하시여 도가 나아갈 길을 환히 밝혀주었다. 자강도에 있는 현대적인 기계공장들도 전쟁이 한창 벌어지고 있던 시기에 조국의 미래를 내다보시고 수령님께서 일떠세워 주신 것이다.

나는 자강도를 추켜세울 수 있는 가능성이 있다고 보고 도 당책임비서였던 연형묵 동무에게 전국의 모범이 될 수 있도록 자강도를 잘 꾸릴 데 대한 과업을 주었다. 연형묵 동무는 내가 과업을 준 대로 도안의 당원들과 노동계급, 근로자들을 불러일으켜 자강도를 본보기로 잘 꾸렸다. 자강도 인민들은 오직 자기 힘을 믿고 자기의 힘으로 부닥치는 애로와 난관을 맞받아 뚫고나감으로써 고난의 행군을 낙원의 행군으로 전환시켰다.

그래서 나는 자강도 인민들이 발휘한 투쟁정신과 투쟁기풍을 강계정신이라고 하고 온 나라가 강계정신을 따라 배워 새로운 혁명적대고조의 불길을 세차게 일으키도록 했다. 강계정신은 고난의 행군시기에 창조된 사회주의 수호정신이며 불굴의 투쟁정신이다. 강계정신은 자기 영도자와 사상도 뜻도 운명도 함께 하는 충실성의 정신이며 부닥친 애로와 난관을 자체의 힘으로 뚫고나가는 자력갱신의 정신이고 자기의 공장과 일터, 거리와 마을을 제 손으로 훌륭히 꾸려나가는 애국주의 정신이다.

고난의 행군시기 자강도에서 강계정신이 창조된 데는 연형묵 동무의 공로가 크다. 그가 자강도에 가서 많은 일을 했다. 우리나라 도들 가운데 자강도는 생활조건이 제일 어려운 도입니다. 자강도는 산이 많고 부침땅 면적이 적은데다가 땅이 메말라 농사도 제대로 되지 않습니다. 연형묵 동무는 자강도가 인민들의 생활조건이 다른 도들보다 불리하지만 어떻게 하나 자체의 힘으로 살아나가기 위하여 머리를 쓰고 이악하게 노력했다. 고난의 행군시기 연형묵 동무와 같은 일군이 자강도에 가 있었기에 강계정신이 창조될 수 있었다. 나는 연형묵 동무를 잊지 않고 있다. 그는 시대적 인간이며 나의 추억에 남아있는 혁명동지다.[60]

연형묵은 1998년 9월 김정일의 전폭적인 지지로 '강계정신'을 성공시키고 당시 국가 최고 기관이었던 국방위원회 위원으로 돌아왔다. 다시 김정일 곁으로 돌아 온 것이다.

연형묵은 2003년 9월 국방위원회 부위원장까지 승진한 뒤 췌장암으로 2005년 사망했다. 북한은 그를 애국열사릉에 안장했다. 김정은 국무위원장은 2016년 5월 노동당 제7차 대회에서 당의 강화발전과 사회주의 건설에 헌신한 사람을 호명할 때 허담 다음으로 연형묵을 불렀다. 그리고 김용순, 이용철 등 김정일의 측근들도 함께 호명했다.

북한 언론은 연형묵에 대해 "연형묵 동지에게 있어서 제일 기쁠 때는 장군님(김정일)을 만나는 때이고 제일 괴로울 때는 장군님(김정일)과 헤어지는 순간"이라고 표현했다.[61]

연형묵 경력

1931년 11월 3일	함경북도 경원군 출생
연도 미상	만경대혁명학원, 김일성종합대학
1953년	체코 프라하 공대 입학
1959년	체코 프라하 공대 졸업
1960년	자강도 전천군 65호 공장 기사장
1962년	노동당 중공업부 부부장
1968년	노동당 중공업부장
1970년 11월	노동당 비서국 비서
1973년 2월	3대혁명소조운동 중앙지휘부 책임자
1975년	정무원 부총리
1980년 10월	노동당 정치국 위원, 비서국 비서
1985년 10월	정무원 제1부총리
1988년 12월	정무원 총리
1992년 12월	정무원 총리 해임, 자강도 당위원회 책임비서 겸 인민위원장
1998년 9월	국방위원회 위원
2003년 9월	국방위원회 부위원장
2005년 10월 22일	사망

오직 실력만으로 자수성가
홍 성 남

북한의 7대 총리는 강성산이다. 강성산은 앞서 총리를 운 좋게
도 두 번씩 했던 사람으로 소개했다. 8대 총리는 홍성남(1929~
2009)이다. 홍성남이 내각 총리를 맡은 것은 1998년부터다.
1997년 2월부터 와병 중인 강성산을 대신해 총리 대리 직책을 맡
아 북한 경제를 맡아 왔다. 김정일 국방위원장이 공식적으로 임
명한 첫 총리였다. 강성산은 1992년 연형묵에 이어 다시 총리에
올랐지만 임기 내내 건강이 좋지 않아 골골했다.

　홍성남은 김일성종합대학을 졸업하고 연형묵이 다녔던 체코
프라하 공과대학에서 기계공학을 전공했다. 귀국 이후 1957년
군수공장인 평안북도 구성공작기계공장 지배인을 맡으면서
중공업 분야에서 테크노크라트로 성장하기 시작했다. 구성공작
기계공장은 종업원 5,800여 명 규모의 특급기업소로 2000년대

초반부터 '자동화의 본보기 공장'이 되면서 공장 현대화를 지속적으로 추진한 곳이다.

홍성남은 그 이후 능력을 인정받아 1964년 당 중공업부 부부장을 거쳐 1970년 당 중공업부장으로 중용됐다. 그가 정무원으로 간 것은 1973년 9월이다. 그때 부총리 겸 국가계획위원장을 맡았다. 국가계획위원회는 노동당에서 수립한 경제 정책에 따라 북한의 모든 경제 계획을 종합 작성하고 각 부서에서 이를 수행하도록 지도·감독하는 기관이다. 홍성남은 이런 막중한 자리인 국가계획위원장을 세 번씩이나 맡았다. 김일성이 경제에 정통하고 업무추진에도 빈틈이 없는 그를 인정했기 때문이다. 그는 1986년 정무원 제1부총리에 승진한 뒤 1998년부터 총리를 맡았다. 오직 실력만으로 총리까지 올라갔다.

홍성남이 총리를 맡았던 시기는 고난의 행군(1995~1997)과 유훈 통치가 끝난 후 본격적인 김정일 시대가 열리던 때였다. 김정일은 먼저 1998년 9월 헌법을 개정하면서 정무원을 내각으로 개명하고 경제의 자율성을 확대했다. 개정된 헌법 24조는 사적 소유 범위를 확대했다. 개인 소유 재산은 상속할 수도 있으며 생산 수단의 소유 주체에 대해 기존의 '국가와 협동단체'에서 '국가와 사회·협동단체'로 확대해 사회단체도 생산 수단을 소유할 수 있도록 했다.

헌법 36조는 대외 무역에 대한 통제를 완화했다. 대외 무역의 주체도 기존의 '국가가 하거나 국가의 감독 밑에서 한다'는 조항을 '국가 또는 사회·협동단체가 한다'로 수정했다. 사회·협동단체도 대외 무역의 주체가 될 수 있게 허용했다. 헌법 75조는 거주·여행의 자유를 인정하는 조항을 신설했다. 식량난으로 철저한 통제가 어려워진 상황을 반영한 것으로 보인다. 1998년 헌법 개정의 특징은 권력 분산과 경제 개혁의 내용을 포함했다. 하지만 중국·베트남 등에서 추진했던 경제 개혁 노선에는 크게 미치지 못했다.

홍성남이 총리가 됐던 1998년 김정일 국방위원장은 '강성대국'을 선포했다. 강성대국은 그해 4월 김정일이 자강도를 현지지도한 내용을 조선중앙방송에서 보도하면서 처음 등장했다. 이는 부강하고 융성한 나라를 만들겠다는 것이다. '고난의 행군', '사회주의 강행군(1997년 말~1998년)'이라는 구호를 제시하며 주민들의 희생을 요구했지만 1998년에는 새로운 희망을 주민들에게 불어넣을 필요가 있었기 때문이다.

김정일의 '드라이브'에 홍성남은 따라다니기에 급급했다. 그렇지만 5년 동안 총리를 한 것을 보면 능력은 인정받은 셈이다. 선군정치의 영향으로 한정된 경제 자원이 군사 부문에 우선적으로 배정되는 상황에서 그 자리에 오래 버텼다. 홍성남은 총리에서 물러난 뒤 함경남도 당 책임비서를 맡았다. 2008년 11월 함경남도 단천 광산기계공장 창립 50주년 기념보고회 참석을 끝으로 공식 행사에 모습을 드러내지 않았다. 홍성남은 2009년 3월 요독증성 심근장애로 사망했다. 북한은 그를 연형묵과 마찬가지로 평양시 신미리 애국열사릉에 안장했다.

홍성남 경력

1929년 10월 2일	평안북도 정주시 출생
연도 미상	김일성종합대학,
	체코 프라하 공대(기계공학 전공)
1957년	구성 공작기계공장 지배인
1964년	노동당 중앙위원회 부부장
1973년 9월	정무원 부총리 겸 국가계획위원장
1975년 9월	정무원 부총리 해임
1977년 12월	국가계획위원회 위원장 해임
1982년 2월	노동당 정치국 후보위원
1982년 12월	평안남도 당위원회 책임비서
1985년 9월	국가계획위원장
1986년 2월	정무원 부총리 겸 국가계획위원장
1986년 12월	노동당 정치국 위원, 정무원 제1부총리
1987년 10월	정무원 부총리 겸 국가계획위원장
1990년 5월	정무원 부총리
1997년 2월	정무원 총리대리
1998년 9월	내각 총리
2003년 9월	내각 총리 해임,
	함경남도 당위원회 책임비서
2009년 3월 31일	사망

오뚝이 총리

박 봉 주

북한의 9대 총리는 박봉주(1939~) 현 총리다. 박봉주는 강성산 (1931~2007)과 함께 총리를 두 번씩이나 한다. 첫 번째는 2003~ 2007년이고, 두 번째는 2013년부터 현재까지다. 두 번 모두 합 치면 역대 최장 재임 총리가 된다. 올해 79세다.

박봉주 이름 앞에 따라다니는 수식어는 '오뚝이', '경제 개혁파' 등이다. 그의 삶을 보면 이런 수식어가 바로 연상된다. 박봉주 는 북한 고위 관료들이 다니는 김일성종합대학, 김책공업종합 대학 등 명문 대학을 졸업하지 않았다. 한국인들에게 낯선 평안 남도 덕천군 덕천공업대학을 졸업했다. 그리고 김일성 일가와 연고도 없는 '흙수저'였다. 그는 소위 '깡' 하나로 총리까지 올라 간 사람이다. 직장 생활은 1962년 평안북도 용천 식료공장 지 배인부터 시작했다. 실력을 인정받아 1983년 남흥청년화학연합기업소 책임비서로 옮겨 10년 동안 근무했다. 남흥청년화학연합기업소는 평안남도 안주시에 있는 북한의 대표적인 석유화학 공장이다. 그 공로로 1993년 당 경공업부 부부장으로 발탁됐다.

김정일이 정권을 잡은 1998년 내각 화학공업상으로 기용된 박봉주는 2002년 10월 경제시찰단 일원으로 장성택 등과 함께 한국에 왔다. 그는 삼성전자와 포항제철 등을 직접 둘러보기도 했다. 서울 동대문의 두산타워를 방문했을 때의 일화가 유명하다. 당시 박봉주는 상인들에게 열심히 질문했다. 이를 지켜 본 기자들이 박봉주에게 그 이유를 묻자 그는 "지금 볼 게 많은데 눈이 두 개뿐이요. 말 좀 걸지 마세요"라고 대답했다. 자본주의 경제가 어떻게 돌아가는지 관심이 많았던 것이다.

김정일은 2000년과 2001년 중국 방문을 통해 중국의 발전상에 충격을 받고 2002년 '7·1 경제관리개선조치'를 발표했다. 이 조치는 급여 인상, 배급 제도의 변화, 환율의 현실화, 기업소 책임경영 강화 등 파격적인 내용을 담고 있었다. 박봉주가 이 조치를 입안하는 데 주도적인 역할을 했다. '7·1 조치'의 추가 방안으로 금융제도와 상품 유통체계에 시장 경제 요소를 가미하려고 했다. 또한 국가개발은행 설립도 추진했다. 하지만 2005년부터 한국 상품이 종합시장에서 팔리는 등 이른바 '황색바람(자본주의 풍조)'이 불어 군부를 중심으로 한 강경파들에게 빌미가 됐다. 결국 박봉주는 2006년부터 '식물 총리'로 전락했다. 2007년 4월 실각한 박봉주는 평안남도 순천 비날론연합기업소 지배인으로 좌천됐다.

하지만 그는 '오뚝이'처럼 3년 4개월 만인 2010년 8월 당 경공업부 제1부부장으로 복귀했다. 그리고 2년 뒤 당 경공업부장을 맡았고 2013년 4월 다시 총리가 됐다. 그리고 총리가 되기 하루 전에 열린 당 중앙위원회 전원회의에서 당 정치국 위원이 됐다. 정치국 후보위원을 건너뛰고 바로 위원이 된 것이다. 이에 따라 박봉주에게 상당한 힘이 실리게 됐다.

박봉주는 농촌과 공장, 건설 현장 등을 다니며 현장을 독려했다. 노동신문 등 북한 매체들은 김정일 시대와 달리 그의 현장 시찰을 보도했다. 김정일 시대에는 총리의 현장 시찰에 관한 내용은 언론에 거의 등장하지 않았다. 김정은이 박봉주에게 많은 권한을 줄 테니 책임도 지라는 시그널이었다. 박봉주가 이처럼 승승장구할 수 있었던 가장 큰 배경은 장성택이다. 장성택은 2003년 당 조직지도부 제1부부장으로 있을 때 그를 강력 추천해 총리로 앉혔다. 그리고 장성택은 2013년 당 행정부장으로 있을 때 그를 다시 총리로 앉히는 데 결정적인 역할을 했다. 개혁·개방에 긍정적이었던 장성택과 박봉주는 코드가 절묘하게 맞았던 것이다.

하지만 두 사람의 인연은 악연으로 끝났다. 장성택이 처형되는 과정에서 박봉주는 장성택의 편이 돼 주지 못했다. 서슬 퍼런 칼날 앞에 살아남기 위해서는 어쩔 수 없었다. 박봉주는 '장성택의 성토장'이 됐던 2013년 12월 8일 정치국 확대회의에서 눈물을 흘리면서 장성택을 비판했다. 장성택을 비판한 뒤 박봉주는 김정은의 확실한 신임을 얻었다. 그리고 그는 2016년 5월 노동당 제7차대회에서 정치국 상무위원이 됐다. 정치국 서열 4위다. 총리가 재임 시절에 정치국 상무위원을 겸한 것은 이종옥과 최영림, 박봉주뿐이다. 사회주의 국가에서는 직책보다 정치국 서열이 더 중요하다. 따라서 박봉주는 역대 다른 총리들보다 힘을 갖게 됐다. 아울러 그는 당 중앙군사위원회 위원도 됐다. 총리가 당 중앙군사위원회 위원이 된 것은 이례적이다. 이런 인사는 김정은이 2013년 선포한 경제건설과 핵무력건설의 병진노선을 강화하려는 의도로 분석할 수 있다.

북한은 비로소 중국처럼 총리가 힘을 갖고 경제 성장의 임무를 맡게 됐다. 중국은 리커창 총리가 정치국 상무위원으로 서열 2위이며, 앞선 원자바오 총리는 정치국 상무위원으로 서열 3위였다. 총리가 이 정도는 돼야 경제를 제대로 맡을 수 있는 것이다.

박봉주 경력   1939년 4월 10일 함경북도 김책시 출생

연도 미상   덕천공업대학 졸업

1998년 9월   화학공업상

2003년 9월   내각 총리

2007년 4월   내각 총리 해임

2007년 5월   순천 비날론연합기업소 지배인

2010년 8월   노동당 경공업부 제1부부장

2012년 4월   노동당 경공업부장

2013년 3월   노동당 정치국 위원

2013년 4월   내각 총리

2016년 5월   노동당 정치국 상무위원,

                당 중앙군사위원회 위원

2016년 6월   국무위원회 부위원장

교통의 사나이
김 영 일

북한 총리 가운데 재임 기간에 서울을 찾은 사람은 지금까지 2명
있다. 연형묵(1931~2005)과 김영일(1944~)이다. 연형묵은
1990년 9월 제1차 남북고위급회담 대표로 방문했고, 김영일은
2007년 11월 제1차 남북총리회담에 참석했다.

　김영일은 북한의 제10대 총리다. 박봉주 전임 총리가 2007년
물러나면서 그 자리를 이어받았다. 김영일은 한국의 국토교통부
에 해당하는 육해운성에서 잔뼈가 굵은 사람이다. 나선특별시
나진해운대학을 졸업하고 항해기사 자격을 취득한 뒤 1973년
육해운부(현 육해운성)에 들어갔다. 그리고 1998년 육해운상
(장관)이 될 때까지 육해운성에서만 근무한 '교통의 사나이'였다.
그리고 2007년까지 육해운상을 역임한 뒤 총리로 승진했다.
육해운상을 포함해 육해운성에 근무한 기간만 무려 28년이다.

지금까지 총리들은 당과 내각을 오고 간 사람들인 반면 내각에만 있었던 사람이 총리에 임명된 것은 처음이었다. 따라서 정치적으로 '힘'은 없었다고 볼 수 있다.

김영일은 '충성사업'으로 총리를 시작했다. 그가 총리에 임명된 2007년은 김정일의 생모 김정숙(1917~1949)의 생일 90주년이었다. 그래서 김정일은 김정숙의 고향인 함경북도 회령시에 600세대의 아파트를 지으려고 했다. 김영일은 자신을 총리로 뽑아 준 김정일에게 보답하기 위해 혼신을 다했다. 그래서 취임한 지 9개월 되던 2008년 1월 600세대를 완공했다. 이 아파트 건설은 총리가 굳이 나설 일은 아니었다. 함경북도 당위원회에서 준비하고 있었던 일이다. 김영일은 김정일에 대한 충성심을 보여주는 좋은 기회로 생각하고 발 벗고 나선 것이다.

김영일이 총리로 재임했던 2007년부터 2010년까지는 권력 교체기였다. 김정일이 2008년 뇌졸중으로 쓰러지면서 지도부에 큰 변화가 있던 시기였다. 김영일은 김정일의 신임으로 총리까지 올랐지만 정치적 기반이 없던 터라 위기가 아닐 수 없었다. 김영일은 권력의 소용돌이 속에서 '숨'만 쉬고 살아야 했다. 김정일이 뇌졸중으로 쓰러진 이후 2009년 후계자로 지명된 김정은이 경제에 관여하기 시작했다. 김정일은 후계 체제의 기반이 될 경제 건설에 힘을 쏟았다. 평양에 10만 세대 주택 건설을 지시하고 심각한 전력난 해소를 위해 자강도 희천수력발전소 완성을 서둘렀다. 김정일은 그 지휘봉을 김정은에게 맡겼다.

북한의 비밀 자금을 관리하는 노동당 39호실로부터 800만

달러를 가져오고 중국 단둥丹東시로부터 대출을 받아 주택 건설을 시작했다. 김정은은 아버지에게서 배운 속도전을 재현해 '150일 전투'를 슬로건으로 내세웠다. 하지만 인력 동원만으로는 한계가 있었다. 건축 자재가 제때에 공급되지 않아 10만 세대는 거북이걸음을 하고 있었다. 결국 돈이 필요했다.

북한은 자금 조달 방법으로 생각한 것이 화폐 개혁이었다. 해방 이후 다섯 번째 시도다. 화폐 개혁의 명분은 인플레이션 억제, 재정 확충, 시장 활동 억제 등을 통해 계획경제를 복원하는 것이었다. 하지만 실제는 암시장 거래로 돈을 번 신흥 부자들에게 그동안 모은 돈을 토해 내게 하려는 '꼼수'였다. 이에 따라 2009년 11월 30일 구화폐 100원을 신화폐 1원으로 교환하는 조치를 전격적으로 발표했다. 현금 교환은 1세대당 10만 원(구화폐 기준)까지로 제한했다. 한도액을 넘는 구화폐를 장롱 속에 감춰 두려고 해도 휴지가 되기 때문에 신흥 부자층에게는 큰 타격이 될 수밖에 없었다.

화폐 개혁은 당초 의도와 달리 북한 경제를 심각한 혼란으로 빠뜨렸고 그동안 추진해 온 경제 정책에 많은 차질과 피해를 주었다. 북한 원화가치가 추락하고 북한 경제의 달러화·위안화 현상을 가속화시켰다. 화폐 교환은 그해 12월 6일까지 진행됐다.

화폐 가치의 급변으로 물가는 폭등했다. 쌀값이 30배나 급등해 암시장에서 매매가 이뤄지지 않았고 노동자에 대한 임금 지불도 중단되는 공장이 생겼다. 이 혼란에 대한 책임은 박남기 노동당 계획재정부장이 뒤집어썼다. 북한은 그에게 죄명을 화폐 개혁 실패가 아니라 간첩죄를 적용했다. 박남기는 6·25전쟁 시기 틈을 타 북한에 잠입한 간첩이며 사회주의 경제 건설을 방해하고 자본주의 경제 방식을 채택하려다 체포됐다는 것이다. 북한이 화폐 개혁 실패를 그의 죄명으로 정할 경우 정책 실패를 시인하는 꼴이 되기 때문이다.

화폐 개혁의 실패는 총리였던 김영일에게도 여파가 미쳤다. 박남기가 2010년 3월 처형된 이후 3개월 만에 김영일도 총리에서 내려왔다. 총리는 말로만 '경제사령관'이었지 경제 실패에 책임을 지는 희생양에 불과했다. 총리에서 물러난 뒤의 김영일의 행적은 공개되지 않았다.

김영일 경력	1944년 5월 2일	함경남도 출생
	연도 미상	나진해운대학 졸업
	1973년	육해운부 지도원(3대혁명 소조원)
	1979년	육해운부 청년건설여단 참모장
	1994년	정무원 육해운부 부장
	1998년 9월	내각 육해운상
	2007년 4월	내각 총리
	2010년 6월	내각 총리 해임

북한 경제의 백전노장

최 영 림

북한의 11대 총리는 최영림(1930~)이다. 최영림처럼 북한의 주요 요직을 두루 거친 사람도 드물다. 북한 노동당의 최고 자리인 정치국 상무위원을 비롯해 내각 총리, 평양시 당위원장, 중앙검찰소장, 국가계획위원장, 최고인민회의 상임위원회 서기장, 금속공업부장, 금수산태양궁전(주석궁) 서기실 책임비서 등을 지냈다.

최영림은 김일성·김정일·김정은을 거치면서 숙청의 칼날을 피해 지금까지 건재하고 있다. 올해 나이 88세. 김영남 최고인민회의 상임위원장보다 2살, 김기남 당 중앙위 부위원장보다 1살 어리다. 최영림은 총리를 2010년부터 2013년까지 3년 동안 맡았다. 권력이 김정일에서 김정은으로 넘어가는 시기였다. 총리로 재임한 나이는 80~83세로 고령이었다. 지금은 최고인민회의 상임위원회 명예부위원장으로 활동하고 있다. 명예부위원장은 1998년 헌법 개정 때 신설된 자리로 현재는 김영주(김일성 동생) 전 조직지도부장과 최영림 등 2명이 있다.

최영림은 항일투사 출신의 부모 밑에서 성장했으며 만경대혁명학원 졸업 후 6·25전쟁 시절 연형묵과 함께 김일성의 경호연대 대원으로 활동했다. 그는 꼼꼼한 성격과 묵묵한 일처리로 김일성의 주목을 받았고, 전후 그의 추천으로 김일성종합대학을 다녔다.

최영림은 김일성종합대학을 졸업한 뒤 경제기사 자격을 받을 정도로 '경제통'으로 성장했다. 그는 1956년 당 조직지도부 책임지도원으로 공직을 시작했다. 내각 총리에 임명되기 이전까지 당과 내각을 오고가며 테크노크라트로서 전성기를 구가했다. 최영림이 총리로 재직할 당시는 북한의 1, 2차 핵실험 이후 유엔 안보리의 대북제재가 강화된 시점으로 살림살이가 더 쪼들려 있을 때였다. 전임 김영일 총리는 화폐 개혁 실패와 종합시장 폐쇄에 따른 물가 인상 등에 대한 책임을 지고 물러났다. 김영일과 함께 경제를 이끌었던 곽범기, 오수영, 박명선 부총리도 함께 물러났다.

최영림은 부총리로 강능수, 김낙희, 이태남, 전하철, 조병주, 한광복 등을 보강했다. 이 가운데 강능수를 제외하면 현장에서 잔뼈가 굵은 경제 전문가들이다. 김낙희는 협동농장경영위원장 출신으로 황해남도 당 위원장을 지낸 사람이고 이태남은 황해제철연합기업소·승리자동차연합기업소·강선제강연합기업소의 당 위원장을 지낸 사람이었다. 조병주는 용성기계연합기업소 지배인 출신이다. 최영림은 이런 사람들을 보강시킴으로써 경제 문제를 중점적으로 다루려고 했다. 강능수는 문화상과 당 영화부장 겸 국가영화위원장 등을 역임한 문화계 인사다.

최영림은 새롭게 구성한 부총리와 함께 경공업과 인민 생활 향상에 관심을 쏟았다. 화폐 개혁과 종합시장 폐쇄로 인한 후유증에서 벗어나 주민들의 실제 생활수준을 높이려고 노력했다. 김정일과 김정은의 현지 지도도 인민 생활과 관련된 것이 자연스럽게 많아졌다.

그가 총리로 재임할 때 가장 공을 들인 것은 2012년 6월 28일 발표한 '우리식 새로운 경제관리체계를 확립할 데 대하여(6.28 방침)'였다. 그 내용은 시장 경제 요소를 가미해 경제 운용 체제를 변화시킨다는 것이었다. 공장·기업소의 판매 수입을 국가와 공장·기업소가 일정 비율로 나누게 했다. 근로자들은 제품 판매로 수익을 얻을 수 있기 때문에 배급이 중단됐고 국가 기관이나 교육·의료 등의 분야에 근무하는 근로자들만 배급을 받았다. 협동농장은 작업 분조의 인원수를 줄이고 생산품의 일부를 농민들이 소유할 수 있도록 한 것이 핵심이다. 국가가 제시한 목표를 달성하면 그 생산물을 국가와 분조가 7대 3으로 나누도록 했다. 이전보다 농민들의 몫이 많아져 근로 의욕을 자극할 수 있었다.

산전수전을 다 겪은 최영림이 총리로서 이런 변화를 주도했다. 하지만 이전의 몇 차례 변화 시도가 그랬던 것처럼 6.28 방침도 현재까지 체제 내의 부분적 개혁에 그치고 있다. 최영림은 김정일에서 김정은으로 넘어가는 시기에 대과 없이 절반의 성공을 마치고 2013년 4월 총리를 박봉주에게 물려주었다. 김정은 국무위원장은 총리에게 정치적 힘이 없으면 어렵다는 것을 알았는지 정치국 후보위원도 아닌 박봉주를 바로 정치국 위원으로 임명했다. 박봉주는 2016년 5월 정치국 상무위원으로 승진했다.

최영림은 총리에서 물러난 뒤 최고인민회의와 전국노병대회 등에 참석해 원로로서 활동을 계속하고 있다. 노동당의 재정관리 사업을 감사하는 당 중앙검사위원장인 최승호가 아들이며 북·미 간의 1.5트랙(반관반민)을 주도했던 최선희 외무성 부상이 그의 딸이다. 둘 다 모두 입양한 것으로 알려졌다.

최영림 경력	1930년 11월 20일	함경북도 경흥군 출생
	연도 미상	만경대혁명학원, 김일성종합대학 졸업
	1956년	노동당 조직지도부 책임지도원
	1967년 10월	노동당 중앙위원회 부부장
	1971년 6월	노동당 중앙위원회 부장
	1973년	금수산기념궁전 주석부 책임서기
	1980년 10월	노동당 정치국 후보위원
	1981년 8월	노동당 정치국 위원
	1983년 12월	정무원 부총리
	1984년 2월	정무원 제1부총리
	1990년 5월	정무원 부총리 겸 국가계획위원장
	1998년 9월	중앙검찰소장
	2009년 8월	평양시 당위원회 책임비서
	2010년 6월	내각 총리
	2010년 9월	노동당 정치국 상무위원
	2013년 4월	내각 총리 해임,
		최고인민회의 상임위원회 명예부위원장

3

대남비서

김중린 · 허담 · 윤기복 · 김용순
김양건 · 김영철

북한의 대남비서는 대남 정책을 총괄하는 자리다. 한 때는 당 작전부 (대남 공작원 훈련 및 요인 암살), 35호실(엘리트 간첩 양성), 당 대외 연락부(비밀지하조직 구축 및 간첩 관리), 통일전선부(대남공작 및 남 북대화 등) 등 4개 기구를 총괄할 정도로 막강했다. 하지만 지금은 초 라해졌다. 현재는 대남비서가 통일전선부만 관장하고, 나머지 조직은 2009년 총참모부 정찰국과 함께 총참모부 정찰총국으로 확대 개편 됐다. 김영철 초대 정찰총국장이 김양건 대남비서가 2015년 12월 사 망한 이후 지금의 대남비서로 옮겼다.

북한은 2016년 5월 제7차 당대회를 마친 뒤 비서국을 없애고 정무국 을 신설했다. 그리고 비서 대신에 당 중앙위원회 부위원장으로 호칭 하고 있다. 여기서는 국민들에게 익숙한 대남비서로 표기하고자 한다. 출발은 1972년 7·4 공동성명 전후로 남북 접촉이 시작될 당시 대남 비서였던 김중린부터 시작한다. 그 이전 이효순-허봉학은 남북 접촉이 없었을 뿐더러 그들에 대한 자료도 거의 전무하다.

··· **역대 대남비서**

	이 름	재임 기간
1대	이효순	1961~1967(7년)
2대	허봉학	1967~1969(2년)
3대	김중린	1969~1976(7년)
4대	김중린	1978~1983(5년)
5대	허 담	1983~1988(5년)
6대	김중린	1988~1990(2년)
7대	윤기복	1990~1992(2년)
8대	김용순	1992~2003(11년)
9대	김양건	2010~2015(5년)
10대	김영철	2015~현재

> 김중린 동무는 중앙당 일꾼들 가운데서 좌상인데
> 숨은 영웅, 숨은 공로자라고 말할 수 있다.

김정일

김중린

김중린(1923~2010)은 대남비서를 세 차례 역임했다. 첫 번째는 1969년 4월~1976년 9월, 두 번째는 1978년 1월~1983년 12월, 세 번째는 1988년 11월~1990년 1월이다. 대략 13년 정도를 맡았다. 북한의 대남비서 가운데 최장 재임이다. 그는 대남 강경파로 알려진 인물이다. 아웅산 테러 사건을 김정일의 지시에 따라 지휘했다.

김중린은 자강도 우시군 빈농 가정에서 태어나 해방 이후 1946년 평안북도 벽동군 당위원회 부장으로 공직 생활을 시작했다. 우시군은 1952년 북한의 행정구역 개편 이전까지 평안북도 벽동군 우시면으로 있다가 1954년 자강도에 편입됐다. 김중린은 고향에서 공직 생활을 시작한 것이다. 그는 1952년 노동당 지도원으로 들어가면서 중요 직책에서 오랫동안 사업을 했다.

1954년 조선적십자회 중앙위원회 상무위원으로 선출됐으며 제네바 국제적십자회에 북한 대표로 참석했다. 김중린이 김일성에 '눈도장'을 찍은 것은 재일동포의 북한 귀환에 공을 세우면서부터다. 김중린은 1959년 2월 제네바에서 열린 북·일 적십자회담의 북한 대표로 참석해 성과를 올렸다. 김중린은 그해 12월 재일동포 975명을 소련 선박 클리리온호와 토보르스크호에 태워 일본 니가타항에서 북한 청진항으로 데려왔다.

그 이후 김중린은 승진의 고속도로를 달렸다. 그는 1969년 4월 대남공작 실패 등의 이유로 숙청된 허봉학을 대신해 항일 빨치산 장군 출신이 아닌데도 대남비서로 전격 발탁됐다. 냉전 시절에 항일 빨치산 출신이 아닌 사람이 대남비서를 맡기는 어려웠다. 앞서 대남비서를 맡았던 이효순-허봉학은 모두 항일 빨치산 출신들이었다. 김중린은 1970년 11월 노동당 제5차대회에서 권력 서열 10위로 급부상했다. 10년 전 노동당 제4차대회에서 87위를 차지한 것과 비교하면 괄목할만한 성장이다.

김중린이 국내에 알려지기 시작한 것은 이후락 중앙정보부장이 1972년 5월 평양을 방문해 그를 만나면서다. 두 사람은 비밀 협상을 가졌으며 이후락은 김일성과 그의 동생 김영주 당 조직지도부장을 만났고 두 달 뒤에 7·4 공동성명이 발표됐다. 김중린은 김일성과 김영주를 도와 실무 작업을 진행했다. 승승장구하던 김중린에게도 시련이 찾아왔다.

김정일이 1974년 후계자로 확정되면서 모든 권력 기관을 자신의 영향력 아래에 두려고 했다. 김정일은 1976년 6월 대남

공작 부문을 대상으로 집중 사찰을 시작했다. 사찰은 5개월간 지속됐고 김정일은 진행 상황을 하나씩 확인했다. 대남 사업을 총괄했던 김중린도 자기비판을 할 수밖에 없었다. 김정일은 "50년대 이래의 대남공작은 한 마디로 0점"이라고 질책했다. 아울러 김정일은 "과거의 공작 활동은 모두 백지화해야 한다. 새로운 전략 전술적 방침을 가지고 새로운 각오로 시작하지 않으면 안 된다"고 몰아붙였다.[62]

사찰은 다음 해 4월까지 계속됐고 그 결과 김중린은 1976년 9월 노동당 산하단체인 '남조선문제연구소'의 소장으로 좌천됐다. 김정일이 대남비서를 겸하며 대남공작기관을 지휘했다. 남조선연구소에서 찌그러져 있던 김중린은 1978년 1월 다시 대남비서에 복귀했다. 북한은 사람을 한 번 버렸다가도 능력에 따라 복귀시키는 경우가 많다. 두 번째 대남비서 시절에는 '악역'을 맡았다. 그 악역은 1983년 10월 버마 아웅산 테러 사건이었다. 서석준 부총리 등 한국 각료 4명을 포함해 17명이 사망해 세계를 놀라게 한 참극이었다. 아웅산 테러는 감독 김정일, 각본 김중린, 기술감독 김격식 등이 진행됐다. 김격식은 2010년 연평도 포격을 지휘한 것으로 알려진 인물로 아웅산 테러 사건 당시 총참모부 정찰국 소속으로 테러를 직접 지휘했다.

김중린은 아웅산 테러 사건으로 또 다시 '물'을 먹었다. 북한은 입을 다문 채 늘 하던 대로 오리발을 내밀었지만 체포된 공작원이 범행을 털어놓으면서 탄로가 났다. 버마 정부가 테러는 '북한 부대에 의한 범행'이라고 발표했고 69개국이 북한을 규탄

김정일과 김중린(오른쪽)

하는 성명을 발표했다. 북한 내부에서도 아웅산 테러가 자신들
의 소행이라는 것이 퍼지면서 누군가 희생양이 필요했다.

　김중린은 또 다시 정치적 시련을 겪어야 했다. 1983년 12월
대남비서를 허담(1929~1991)에게 물려주었으며 1984년 3월
정치국 위원에서 후보위원으로 강등됐다. 1985년 1월에는 정
치국 후보위원마저 탈락됐다. 김정일의 미움이 그만큼 컸다.
김정일은 아웅산 테러범들이 붙잡혀 범행을 털어놓는 바람에
국제적 망신을 당한 책임을 김중린에게 돌렸던 것이다. 그러나
김중린은 1986년 8월 조선중앙통신사 사장으로 복귀했다. 조금
엉뚱했던 임명이었다. 김중린이 대남비서에 '3수'를 하게 된 것
은 1988년 11월이다. 허담이 1988년 1월에 물러난 뒤 11개월

만에 다시 임명됐다. 이번에는 고작 1년 2개월 정도였다. 그 이후 그는 1990년 1월부터 당 근로단체비서를 맡았다. 근로단체비서는 김일성-김정일주의청년동맹·조선직업총동맹(직총)·조선민주여성동맹(여맹) 등을 지도한다. 노동당 내에서 비중이 떨어지는 부서다. 김중린이 근로단체비서로 언제까지 있었는지는 밝혀지지 않았다. 오랫동안 당에서 중요 직책을 맡았던 그는 2010년 4월 28일 심근경색으로 사망했다.

김정은 국무위원장은 2016년 5월 제7차 당대회 개회사에서 노동당의 강화발전과 사회주의 위업의 승리를 위해 헌신한 인물로 허담, 연형묵 등과 함께 김중린을 언급했다.

김중린 경력

1923년 12월 7일	자강도 우시군 출생
1946년	노동당 벽동군위원회 부장
1948년	함경북도 당위원회 부장
1952년	노동당 지도원
1958년	노동당 문화부 부장
1959년 2월	북-일 적십자회담 대표
1961년 5월	조국평화통일위원회 위원
1969년 4월	노동당 대남비서
1970년 11월	노동당 정치국 위원
1976년 9월	노동당 대남비서 해임,
	남조선문제연구소 소장
1978년 1월	노동당 대남비서
1983년 12월	노동당 대남비서 해임
1984년 3월	노동당 정치국 후보위원
1986년 8월	조선중앙통신사 사장
1988년 11월	노동당 대남비서
1990년 1월	노동당 대남비서 해임,
	노동당 근로단체 비서
2010년 4월 28일	사망

"

허담 동무는 나에게 무한히 충실한 진짜배기 충신이었다.

허담 동무는 정말 충성심과 정열이 높고

재능이 있는 나의 혁명동지였다.

허담 동무는 나의 오른팔이었다.

김정일

"

김정일의 '오른팔'

허 담

김중린 대남비서가 1983년 10월 아웅산 테러 사건으로 물러난 뒤 그 뒤를 이은 사람은 김정일의 '오른팔' 허담(1929~1991)이다. 그는 머리가 영리해 김정일 국방위원장의 비위를 맞추는 데 따라올 사람이 없었다. 황장엽의 회고록 『나는 역사의 진리를 보았다』에 따르면 허담은 김정일의 뜻에 맞게 행동하면서도 다른 사람을 무조건 헐뜯는 사람이 아니었다. 그래서 다른 사람들과 관계도 나쁘지 않았다. 저우언라이周恩來는 "북한에 가보니 다른 것은 탐나는 것이 없는데, 사람 하나는 탐나는 사람이 있었다"라고 말할 만큼 허담을 높게 평가했다.

허담은 김일성의 삼촌인 김형록의 딸 김정숙과 결혼했다. 그의 손윗동서는 양형섭(93) 최고인민회의 상임위원회 부위원장이다. 양형섭의 부인은 김정숙의 언니 김신숙이다. 따라서 김신숙·

김정숙 자매는 김일성과 사촌 관계가 된다. 허담은 이런 배경 속에서 김일성-김정일 시대에 '슈퍼 파워'를 가지게 됐다. 장성택과 비교해도 손색이 없을 정도였다.

김형록은 김일성의 회고록 『세기와 더불어 8』에 잠깐 소개돼 있다. 김일성이 1945년 9월 22일 평양에 도착하자 김형록이 소문을 듣고 평남도당에 그를 찾아갔다. 임춘추가 김형록을 만나 그를 김일성에게 데려갔다. 김형록은 임춘추에게 "우리 조카는 본명을 김성주라고 한다. 만경대에서 어린 시절을 보낼 때에는 증손이라고도 불렀다. 웃을 때마다 볼우물이 패이곤 했다"고 말했다.[63]

허담은 1970~1980년대 북한 외교를 대표하는 사람이다. 1948년 모스크바 대학을 졸업한 이후 외무성 참사로 외교 업무를 시작했다. 1955년 8월부터 노동당 지도원, 과장을 거쳐 32세가 되던 1961년 외무성 부상으로 승진했다. 초고속 승진이었다. 그리고 1969년 외무성 제1부상이 됐고 1970년에 북한 외교의 수장인 외무상에 올랐다.

허담은 외무상에 있을 때 영국의 정보기관을 본떠서 북한에도 정보기관을 설치하고자 김정일에게 제안했다. 정보기관의 목적은 김일성 유일사상체계와 김정일 후계체제를 분명히 하기 위해서였다. 그래서 사회 각 부문에 걸쳐 주요 정보를 세밀히 파악할 필요가 있었다. 김정일은 이를 흔쾌히 받아들여 1973년 5월 사회안전부 정치보위국을 하나의 국가 기관으로 독립시켜 국가정치보위부(현 국가보위성)를 신설했다.

허담은 김정일을 보좌하는 데 누구보다 정성을 다했다. 김정일을 찬양하는 회상기도 남겼다. 유고로 남긴 회상기는 그의 사후에 『김정일 위인상』이라는 책으로 출간됐다. 허담이 북한 외교를 담당하면서 김정일과 함께 했던 시간들을 기록했는데 찬양 일색이다. 허담이 대남비서를 맡은 것은 13년 동안 외무상을 마친 1983년 12월부터다. 아웅산 테러 사건 이후 당 국제비서였던 김영남이 허담을 대신해 외무상으로 발령이 났다. 당 국제비서는 김용순이 당 국제부 부부장에서 승진해 맡았다.

욕심이 많고 질투심이 강했던 허담의 부인 김정숙이 이 인사에 불만이 많았다. 당시만 해도 당 국제부는 당내에서 조직지도부, 선전선동부 다음으로 힘이 셌다. 그래서 김정숙은 남편이

허담(왼쪽) 비서가 김정일의 지시사항을 메모하고 있다. 왼쪽부터 허담, 연형묵 비서, 강성산 총리, 김정일.

국제비서로 발령이 나기를 늘 바라고 있었다. 언제 통일이 될지 모르는 상황에서 대남비서는 성에 차지 않았다. 김정숙은 내각 기관지 민주조선의 책임주필, 조선대외문화연락위원장 등을 맡을 정도로 활발한 여성이었다. 하지만 김정숙의 불만은 그대로 끝났다. 김정일의 인사를 뒤집을 수 없었다. 하지만 허담에 대한 김정일의 신임은 날로 높아갔다. 허담은 김정일의 술 파티에 고정적으로 참석했으며 김정일과 찰떡궁합이 돼 갔다.

　허담은 대남비서를 맡은 뒤 1985년 9월 서울을 방문했다. 대남비서가 서울을 방문해 대통령을 만난 것은 처음이다. 그는 경기도 용인시 기흥구에 있는 최원석 동아건설 회장의 별장에서 전두환 대통령을 만났다. 『전두환 회고록 2』에 따르면 청와대는 보안 유지가 어려울 뿐 아니라 대통령의 집무 장소를 대남특사에게 공개하는 것도 적절하지 않다는 생각에서 최원석 회장의 별장을 대통령의 별장으로 위장하여 접견 장소로 이용했다. 허담은 평양에서 남북정상회담을 하자는 내용을 담은 친서를 전달했다. 또한 허담은 통일 문제와 정상회담에 관한 '김일성 주석의 견해'를 담은 친서를 일어선 채 두 손으로 받쳐 들고 낭독했다.

　　허담 특사는 "그이(김일성)께서는 대통령 각하가 선임자들과 달리 나라의 통일 문제에서 의욕적이고 전진적인 자세로 나오고 있다고 보시면서 각별한 관심을 돌리고 계시다. 대통령 각하는 이미 여러 차례 통일 문제에 대한 자체의 안을 제시하셨다. 지난해 가을에는 용단을 내려 우리의 동포애적인 수재민 구호물자를 선뜻 받아들이도록 하셨다. 이것은 굳게 닫혔던 북남 사이의 통로를 열어놓은 시초로 됐다고 말할 수 있다"고 했다. 그 친서는 한반도의 분단은 열강의 세력 각축 때문이라고 지적하고 "가장 긴급한 과제는 두말 할 것 없이 긴장상태를 완화하고 전쟁의 위험을 막는 것"이라고 말했다.

김일성은 평양에서 정상회담을 개최했으면 한다면서 정상회담에 임하는 자세와 입장은 "하나의 조선을 만들려는 공통된 지향과 입장을 가지고 대화에 임해야 하며, 현 분열 상태를 확인하고 고정하려는 입장으로부터 출발해서는 결코 안 될 것"이라고 했다. 또 "이러한 근본입장과 자세에서 '7·4남북공동성명'에 밝혀 있는 대로 나라의 통일을 외세에 의존하거나 외세의 간섭을 받음이 없이 자주적으로 실현하며 나라의 통일을 무력행사에 의거함이 없이 평화적으로 실현하며 사상과 이념, 제도의 차이를 초월해 민족적 대단결을 도모하기 위하여 공동의 노력을 기울여야 한다"고 말했다.

이 친서는 정상회담에서 논의할 의제로 이 밖에 실질적인 통일방안, 국제무대에서의 남북한 상호협력 문제를 제시했고 이외에도 의제에 구속받음이 없이 제반 문제 대해 폭넓게 토의할 수 있을 것이라고 했다. 또 정상회담의 시기는 가능한 한 빠른 시기에 실현되기를 희망하며 준비가 되면 연내에도 가능하다고 했다. 그리고 정상회담을 위한 사전조치로써 남북 간에 전쟁상태 격화 행동을 삼가고 상대방을 반대하는 대규모 군사훈련을 중단하며 정상회담 개최 시기가 합의되는 시기부터 최소한 상대를 지명하여 공격하는 비방·중상 행위는 중지하자고 제안했다.

허담 특사의 '김일성 주석의 견해' 낭독이 끝나자 나는 한반도의 평화정착과 통일 문제에 관한 나의 평소 생각을 피력했다. 나를 위하려고 그토록 집요한 공작을 펼쳤던 김일성이 보낸 특사를 앞에 두고 앉아 있었지만 나는 평정한 심정이었고 어조는 담담했다. 먼저 내가 김일성 주석과의 회담을 제의한 취지를 설명했다. 정상회담이 실현되면 긴장 완화와 동족 간의 전쟁 억지를 위한 방안, 남북 간의 신뢰를 회복하는 문제, 국제사회에서의 소모적인 경쟁을 지양하는 문제 등을 논의하고 싶다고 말했다. 그리고 의제에 구해받지 않고 남북 간의 공동 관심사에 대해 폭넓은 의견교환을 갖고자 한다고 했다.

나는 특히 남북한의 군사력과 한반도 주변 열강들의 군사 배치 상황을 수치를 들어 상세히 설명하면서, 남북한 간에 전쟁이 일어나면 지역 정세로 볼 때 강대국의 개입이 불가피하고 한반도가 3차 대전의 발화점이 될 우려가 있다는 점을 강조했다. 그렇게 되면 전 국토의 폐허화와 민족의 공멸을 가져오는 만큼 전쟁 억지는 남북 지도자의 소명이라는 점을 강조했다.

나는 또한 우선 남북 간에 신뢰회복 단계를 거쳐야 통일로 나아갈 수 있는 것이지 신뢰회복 없이 통일을 이야기하는 것은 정치선전이나 말장난에 불과한 것이라고 지적했다.[64]

한 달 후 답방 형식으로 장세동 안기부장이 그해 10월 평양을
방문해 김일성을 만났다. 장세동은 허담 특사가 그랬듯이 김일
성을 만나 전두환 대통령의 친서를 전달하고 친서 설명문을 읽
어 내려갔다. 장세동의 낭독이 끝나자 김일성은 다음과 같이 말
했다.

전두환 대통령 각하의 친절하고 애국의 지성이 담긴 말씀
을 전달해주신 데 대해 매우 감사하게 생각한다. 통일하자
는 목적과 우리의 염원은 같다. 먼저 긴장완화가 중요하며
남북한 간의 대결은 동서 대결의 초병전, 대리전을 하고 있
는 격인데 우리 민족은 "동서 열강의 각축에 말려들지 말
고 진정한 중립이 되고 어느 블록에도 참가하지 말고 어느
열강의 위성국도 되지 말아야 한다. 불가침 문제에 관련해
서는 불가침선언만으로는 문제가 다 해결되는 것이 아니
며 남북이 함께 평화적 방법으로, 자주적으로 민족대단결
의 원칙하에 문제를 해결해야 한다.
정치적 대결 해소가 군사적 대결 해소보다 더 중요하다. 군
사적 대결을 지양하려면 하루 빨리 군대를 축소하고 군사
비를 인민생활 또는 경제토대 건설에 돌려야 한다. 불가침
선언이 채택되면 군대 인력을 각각 10만 명 이하로 줄여도
될 것이다. 우리가 서로 상면을 하면 긴장상태 완화, 불가
침선언을 하고 두 나라가 공존하는 정도가 되어서는 안 되
고 두 개의 나라가 아니라 중립국, 블록 불가입, 두 제도를
그대로 두고 하나의 통일국가를 형성한다는 원칙을 채택

해야 한다. 내가 전두환 대통령 각하 말씀 중 가장 감명 깊게 들은 것은 내가 더 늙어 죽기 전에 통일하자는 것인데, 나는 아직 건강하고 정력적으로 담화하고 통일국가를 위한 노력을 함께 할 수 있다고 전두환 대통령 각하께 전달해 주십시오. 우리 과거는 다 백지로 덮어놓고 서로 상봉하여 어떻게 하면 남부럽지 않은 통일된, 문명된, 발전된 나라로서 세상에 과시할 수 있는가를 논의, 발표합시다.[65]

이처럼 무르익던 남북정상회담은 북한이 한·미합동군사훈련인 팀스피리트 훈련을 취소해 줄 것을 요청하고 그해 10월 부산 청사포 앞바다에 북한 반잠수정을 침투시키는 등 도발하면서 중단 위기에 놓였다. 북한은 기어이 1986년 1월 팀스피리트 훈련을 중단하지 않는 것을 빌미로 남한과의 모든 회담을 중단한다고 선언했다.

허담이 대남비서를 맡으면서 최초로 성사될 뻔했던 남북정상회담은 이것으로 물 건너갔다. 이후 허담은 경색된 남북관계에 관한 일보다 김일성의 외교 업무에 동원됐다. 1986년 10월 김일성의 모스크바 방문을 수행했고, 1987년 5월 김일성의 중국 방문도 수행했다. 당시 허담은 전 외무상 자격으로 김영남 외무상과 함께 김일성을 수행했던 것이다. 허담은 1988년 1월 당 국제비서에서 물러나는 황장엽(1923~2010)을 대신해 오매불망 기다렸던 당 국제비서를 맡았다. 김일성이 당 국제부장인 김용순에게만 국제부를 맡길 수 없었기 때문이다. 김용순은 1984년

10월 국제비서에서 좌천됐다가 1987년 복귀해 당 국제부장을 맡고 있었다.

허담은 국제비서를 하면서 조국평화통일위원장을 겸했다. 1989년 3월 방북한 문익환 목사를 만났고 같은 해 6월 김영삼 민주당 총재와 모스크바에서 회동했다.

그의 승승장구는 계속 이어져 1990년 5월 최고인민회의 제9기 제1차 회의에서 신설된 외교위원회 위원장을 맡았다. 하지만 건강이 문제였다. 그는 건강악화로 인해 국제비서 업무를 수행하지 못할 지경에 이르렀다. 그리고 형식상 맡고 있던 외교위원회 위원장도 신병 치료 때문에 일을 제대로 할 수 없었다. 그러다 결국 그는 1991년 5월 오랜 병환 끝에 숨졌다. 김정일은 "허담 동무는 나에게 무한히 충실한 진짜배기 충신이었다. 허담 동무는 정말 충성심과 정열이 높고 재능이 있는 나의 혁명동지였다. 허담 동무는 나의 오른팔이었다"고 말했다.

허담 경력	1929년 3월 6일	서울시 하왕십리 출생
	연도 미상	김일성종합대학 졸업
	1955년 8월	노동당 지도원
	1961년	외무성 부상
	1965년 4월	김일성을 수행해 인도네시아 방문
	1969년	외무성 제1부상
	1970년	외무상
	1972년 12월	정무원 부총리 겸 외교부장
	1980년 10월	노동당 정치국 후보위원
	1983년 12월	노동당 정치국 위원, 노동당 대남비서,
		조국평화통일위원회 위원장
	1985년 9월	전두환 대통령 면담(서울)
	1988년 1월	노동당 대남비서 해임, 노동당 국제비서
	1989년 6월	김영삼 통일민주당총재와 회동(모스크바)
	1990년 5월	최고인민회의 외교위원장
	1991년 5월 11일	사망

경제통 대남비서
윤기복

허담 대남비서의 바통을 이어받은 사람은 김중린이다. 대남비서 '3수' 째인 김중린은 1년 2개월 재임한 뒤 1990년 1월 윤기복 (1926~2003)에게 자리를 물려주었다. 윤기복은 1981년 조국평화통일위원회(조평통) 부위원장을 맡는 등 남북관계에 잔뼈가 굵은 사람이다. 전임자였던 김중린·허담 등이 정치국 위원까지 승진한 것에 비해 윤기복은 정치국 후보위원에 그쳤다.

모스크바 대학에서 통계학을 전공한 윤기복은 경제통으로 출발했다. 1957년 국가계획위원회 부위원장 겸 중앙통계국장을 시작으로 1967년 재정상, 1969년 국가계획위원장 등 경제부문 고위직을 두루 지냈다. 윤기복이 대남 관계와 인연을 맺은 것은 1972년 8월 남북적십자회담 자문위원을 맡고 서울을 몇 차례 다녀가면서부터다. 당시 7·4 남북공동성명 발표 이후 화해 무드가 조성되면서 제1차 남북적십자회담이 1972년 8월 평양에서 열렸다. 남북적십자회담은 이듬해 7월까지 열렸지만 별 성과가 없었다.

그 인연으로 윤기복은 1981년부터 조평통 부위원장으로 임명되면서 대남 관계에 깊숙이 관여하기 시작했다. 이때부터 1989년 범민족대회 위원장을 거쳐 1990년 대남비서에 올랐다. 범민족대회는 남북한·해외동포가 참여해 민간 주도의 통일운동의 기틀을 다지는 행사로 1990년 8월 15일 제1차 범민족대회가 남과 북에서 각각 진행됐다.

윤기복이 대남비서로 임명되기 이전에 노태우 대통령은 1988년 7월 7일, 88올림픽을 2개월 앞두고 '민족자존과 통일번영을 위한 특별선언(7·7선언)'을 발표했다. 자주, 평화, 민주, 복지의 기본 원칙 아래 민족자존과 통일번영의 새 시대를 열어나갈 것을 천명했다. 이 선언에는 6개항의 세부적인 제안을 담고 있었다.

1. 정치인, 경제인, 종교인, 문화예술인, 체육인, 학자 및 학생 등 남북 동포 간의 상호 교류를 적극 추진하며 해외 동포들이 자유로이 남북을 왕래하도록 문호를 개방한다.
2. 남북적십자회담이 타결되기 이전이라도 인도주의적 견지에서 가능한 한 모든 방법을 통해 이산가족들 간의 생사·주소확인, 서신 왕래, 상호 방문이 이루어질 수 있도록 적극 지원한다.

3. 남북한 교역의 문호를 개방하고 남북한 교역을 민족 내부 교역으로 간주한다.
4. 남북 모든 동포의 삶의 질을 향상시킬 수 있도록 민족 경제의 균형적 발전이 이루어지기를 희망하며, 비군사적 물자에 대해 우리 우방과 북한이 교역을 하는 데 반대하지 않는다.
5. 남북한 간의 소모적인 경쟁, 대결 외교를 종결하고 북한이 국제사회에 발전적 기여를 할 수 있도록 협력하며, 또한 남북 대표가 국제 무대에서 자유롭게 만나 민족의 공동 이익을 위하여 서로 협력한다.
6. 한반도의 평화를 정착시킬 여건을 조성하기 위하여 북한이 미국·일본 등 우리 우방과의 관계를 개선하는 데 협조할 용의가 있으며, 또한 우리는 소련·중국을 비롯한 사회주의 국가들과의 관계 개선을 추구한다.[66]

북한을 동반자로 여긴다는 인식을 바탕으로 한 선언이었다. 북한을 배척해야 할 적대국이 아니라 상호협력의 대상이자 민족공동체의 일원으로 간주한 것이다. 이러한 인식하에서 공동 번영을 추구해 나가자는 제안이다. 그런 점에서 남북 관계사에서 큰 의미가 있는 선언이다.[67]

북한은 윤기복이 물러나는 1992년 12월까지 탈냉전과 한국의 북방정책으로 외교적인 최대 위기를 맞았다. 한·소 수교(1990년), 한·중 수교(1992년) 등 북한의 우방국들이 한국과 손을 잡으면서 외교적 고립이 가속화됐다. 반면 남북한은 1990년 9월부터 남북고위급회담을 열어 1991년 남북기본합의서, 1992년 한반도비핵화선언 등 결실을 보았다.

윤기복은 대남비서로 있으면서 남북고위급회담에 참석하는 연형묵 북한 총리 등 일행들을 지도했다. 그는 1991년 12월 평양을 방문한 문선명 세계평화통일가정연합 총재도 만났다. 이런 분위기 속에 윤기복은 김일성의 특사로 1991년 11월, 1992년 4월 두 차례 서울을 방문했다. 노태우 대통령이 임기 마지막 해를 마무리하면서 남북정상회담을 성사시키겠다는 생각의 결과였다.

윤기복은 두 번째 방한 때 김일성의 친서와 초청장을 갖고 서울에 왔다. 윤기복은 "4월 15일 김일성 주석 생일과 때를 맞춰 노 대통령을 평양으로 초청, 정상회담을 갖자"고 전격 제의했다. 하지만 한국 정부는 이를 거절했다. 김일성 생일 축하행사의 일환으로 정상회담을 이용하려는 북한의 계산된 의도에 말려들 수 없었다. 노 대통령은 회고록에서 "나는 정상회담이 아무리 중요하다 해도 이 모양새가 너무 나쁘다고 판단해 초청을 거절했다. 모양새를 구겨 가면서까지 할 수는 없는 일이었다"고 밝혔다.

제6공화국 시절 남북 정상회담이 실현되지 못한 것은 북한 측의 여건이 덜 갖춰졌기 때문이다. 김일성의 입장에서는 자신감이 생기고 무언가 플러스가 될 수 있다는 결론이 나와야 하는데 실제 상황은 그렇지 못했다. 그래서 김일성은

"하지 않겠다"는 말은 하지 않고 "하자"는 원칙에만 동의
하면서 자꾸 핑계를 댄 것이다. 김일성은 단 한번 나를 북
한에 초청한 적이 있다. 1992년 봄 윤기복 조평통 위원장
이 김일성의 특사로 친서와 초청장을 갖고 서울에 왔다.
초청시기가 김일성의 생일과 맞물려 있었다. 게다가 북한
측 비밀창구 역할을 해온 박철언 체육청소년부 장관의 이
야기로는 김일성의 초청이 '돈'과 관련이 있다고 했다. 나
는 정상회담이 아무리 중요하다 해도 모양새가 너무 나쁘
다고 판단해 초청을 거절했다. 모양새를 구겨 가면서까지
할 수 없는 일이었다.[68]

윤기복은 노 대통령과 면담하는 동안 긴장한 모습을 자주 보
였다. 감시자가 한 명 따라 왔는데 어쩌다가 "존경하는 김일성
수령", "위대한…" 하는 수식어를 빼먹으면 자기 스스로 깜짝
놀라 그 말을 집어넣은 후에 다시 되풀이하곤 했다. 김종휘 외교
안보수석은 윤기복이 다른 사람들에 비해 더욱 그런 것 같다고
느낄 정도였다. 한국에서 올라간 남로당 사람들이 숙청되는 가
운데서 살아남은 드문 사람들 중의 하나여서 그런지 가장 허약
해 보이고 광신적인 충성 표시만 한 것이다. 김 수석은 윤기복과
대화가 잘 되지 않는다고 말했다. 반면 김 수석은 연형묵 총리
를 좋아했다. 사람이 착하고 무던한 데다가 속내를 잘 털어놓은
탓이다. 운전을 좋아한다는 말도 하고 손자들 이야기도 하고 이
런저런 말들을 잘했다.[69]

이것으로 대남비서로서 윤기복의 임무는 거의 끝났다. 대남비서로 활동하는 동안 1990년 최고인민회의(한국의 국회) 통일정책위원장, 조선해외동포원호위원장 등을 겸임했다. 1992년 12월 대남비서에서 물러난 뒤 당 과학교육비서를 맡았다. 자신의 원래 전공과 유사한 곳으로 돌아갔다. 북한은 그가 2003년 사망한 뒤 "오랫동안 사회주의 경제건설을 위하여, 조국의 자주적 평화통일을 위하여 자신의 모든 지혜와 정력을 다 바쳐 투쟁했다"고 기록했다. 이를 통해 윤기복의 인생 궤적이 경제와 통일 분야였다는 것을 엿볼 수 있다.

그는 말년에 다시 통일 분야로 돌아왔다. 그는 1999년 조국통일민주주의전선(조국전선) 중앙위원회 공동의장에 임명됐다. 공동의장으로 박성철 전 총리, 양형섭 최고인민회의 상임위원회 부위원장, 김용순 전 대남비서, 류미영 전 천도교 청우당 위원장 등이 있었다. 조국전선은 노동당의 통일노선과 정책을 옹호·관철하는 전위기구로 1946년 북한의 정당과 사회단체 대표들이 조직한 '북조선 민주주의민족통일전선'을 모태로 하여 1949년 정당과 사회단체를 망라해 재조직한 단체다. 그 이후 활동은 알려지지 않다가 윤기복은 오랜 병환 끝에 2003년 5월 사망했다. 그는 대남비서 선배였던 김중린·허담에 비해 역할이 적은 탓인지, 김정은 국무위원장이 2016년 5월 제7차 당대회 개회사에서 언급한 명단에 포함되지 않았다.

윤기복 경력	1926년 8월 6일	서울 출생
	연도 미상	김일성종합대학, 모스크바대학 졸업
	1957년	국가계획위원회 부위원장 겸 중앙통계국장
	1967년 12월	재정상
	1969년 9월	국가계획위원장
	1971년 11월	노동당 과학교육부장
	1972년 8월	남북적십자회담 자문위원
	1980년 10월	노동당 정치국 후보위원
	1981년 5월	조국통일평화위원회 부위원장
	1990년 1월	노동당 대남비서
	1992년 12월	노동당 대남비서 해임,
		노동당 과학교육비서
	1999년 4월	조국통일민주주의전선 중앙위원회 공동의장
	2003년 5월 8일	사망

"

김용순 동무는 팔방미인이며

키도 크고 잘 생겼으며 박식하고 능란했다.

외교관으로서 그만큼 능숙한 사람은 찾아보기 힘들다.

김정일

"

춤을 사랑한 대남비서
김 용 순

한국 사람들에게 북한의 대남비서 하면 떠오르는 인물이 김용순
(1934~2003)이다. 분단 이후 최초로 열린 2000년 남북정상회담
에서 국민들은 처음으로 대남비서를 TV로 확인했다. 그 이전에
서울을 방문했던 허담·윤기복 등은 비밀리에 대통령을 만나고
갔기 때문에 국민들은 알지 못했다.

김용순은 1954년 김일성종합대학 법학부 국제관계학과를 졸
업했다. 대학 졸업 이후 소련 모스크바대학에서 유학한 뒤 당 국
제부에 첫 발을 내딛고 1970년 주 이집트 대사로 나갔다. 북–루
마니아 친선협회 위원장을 거쳐 1974년 6월 당 국제부 부부장
으로 승진했다. 김용순에게 행운이 찾아온 것은 1983년 10월
아웅산 테러 사건이었다. 김일성은 국제사회의 비난이 쏟아지자
서둘러 대규모 인사를 단행됐다. 김영남(현 최고인민회의 상임

위원장) 국제비서가 외교부장으로 가고 김용순이 1983년 12월 당 국제부 부부장에서 국제비서로 승진했다.

김용순이 승진한 배경에는 그의 든든한 후원자였던 김경희 당 국제부 과장이 있었다. 김경희는 김정일 국방위원장의 여동생으로 김용순과 '바람이 났다'고 소문날 정도로 사이좋게 지냈다. 김용순은 노래가 전문가 수준이었고 특히 춤을 잘 추었다. 따라서 김정일의 술 파티에 빠지지 않고 참석할 정도였다.

그런데 춤이 그에게 화근이었다. 황장엽의 회고록 『나는 역사의 진리를 보았다』에 따르면 김용순은 국제부 직원들에게 외국 손님을 가정에 초대해 외교를 잘하기 위해서는 부인들까지도 춤을 출 줄 알아야 한다면서 직원 부인들을 노동당 청사에 모아 놓고 춤판을 벌였다.[70]

이 춤판은 문제가 됐고 김용순은 1984년 10월 결국 철직돼 평안남도 덕천 탄광노동자로 쫓겨났다. 몇 개월 동안 탄광노동자로 고생한 뒤 그의 '수호천사'였던 김경희의 도움으로 김일성 고급당학교로 돌아온 김용순은 1987년 당 국제부 부부장으로 복귀했다. 김일성은 김용순을 좋아하지 않았다. 김용순은 아첨기가 심해 믿을 수 없었기 때문이다. 하지만 '딸바보'였던 김일성은 김경희의 요청을 거절할 수 없었다.

김용순의 복귀로 당 국제부는 황장엽 국제비서, 국제부 제1부부장, 김용순 부부장 등으로 삼파전이 벌어졌다. 국제비서가 되려던 제1부부장과 김용순의 세력 다툼이 벌어질 수밖에 없었다. 황장엽은 회고록에서 "제1부부장과 김용순의 세력 다툼에서 김용순이 이길 것으로 내다봤다"고 기록했다.[71] 황장엽의 예상은 생각보다 빨리 다가왔다. 황장엽이 1988년 국제비서에서 물러나면서 김용순이 국제부장이 됐다. 대개는 대남비서가 통일전선부장을 겸임하듯이 국제비서와 국제부장을 한 사람이 도맡았다. 그러나 김정일은 '춤꾼'인 김용순에게만 국제부를 맡길 수 없어 허담 국제비서-김용순 국제부장 체제로 운영했다.

허담은 국제비서를 맡았지만 건강 악화로 비서 업무를 거의 수행하지 못했다. 결국 김용순이 1990년 5월 국제비서로 승진했다. 그는 국제비서로 있으면서 몇 가지 큰일을 해냈다. 일본 자민당의 실력자 가네마루 신과 다나베 마코토 일본 사회당 대표를 평양으로 초청해 조선노동당과 함께 '북일 수교 3당 공동 선언문'을 만들었다.

북한은 1988년부터 일본과의 관계 개선을 위해 일본에 교섭을 제의했다. 특히 소련과 중국이 한국과 관계를 급속하게 진전시켜가는 상황에서 북한은 일본과의 관계를 획기적으로 전환할 수 있는 계기를 마련하고 싶어 했다. 일본도 북한과의 관계 개선을 통해 동아시아에서 영향력을 확대할 수 있었다. 1983년부터 간첩 혐의를 받고 북한에 억류되어 있는 일본 선원 2명도 석방해야 했다.

양국의 이해가 부합해 1990년 직접 접촉이 시작됐다. 그해 3월 프랑스 파리에서 북한 대외문화연락협회와 일본 외무성 대표가 만났다. 이후 7월에도 도쿄에서 접촉했다. 북한은 일본 사회당과도 접촉했다.[72] 이런 접촉을 통해 일본의 자민당과 사회당 대표단 방북이 합의됐다. 대표단은 9월 24일 방북길에 올랐다. 북한을 방문하는 일본의 공식 사찰단으로는 가장 큰 규모였다.

대표단은 평양에 도착해 김일성을 만나기 위해 묘향산까지 갔다. 가네마루 신은 대표단이 김일성과의 면담 이후 평양으로 돌아간 뒤에도 김일성과 단독으로 오랫동안 면담했다. 면담 과정에서 김일성은 양국 관계 정상화를 제안했다. 그렇게 우호적인 분위기 속에서 북한의 조선노동당과 일본의 자민당·사회당은 협상을 진행해 공동선언문을 만들어 9월 28일 발표했다. 주요 내용은 과거 식민지시대 36년과 전후 45년에 대한 사죄와 배상, 조속한 국교 수립, 재일 조선인의 법적 지위 인정, '하나의 조선' 인정 등이었다.

'36년의 식민지 통치와 1945년 이후에 대해서도 사죄하고 배상한다'는 내용은 1965년 6월의 한일기본조약과는 크게 차이가 나는 것이었다. 한일기본조약에는 일본의 침략과 지배에 대한 사죄, 그에 대한 배상의 의미가 담기지 않았다. '전후 45년'에 대한 배상은 냉전 상태에 대한 미국의 책임을 인정하는 것이어서 미국의 반발을 샀다. 또 '하나의 조선' 인정은 한국의 반발을 불렀다. 그래서 '북일 3당 공동선언'은 일본 정부의 정책으로 채택되지 못했다.

다만 '조속한 국교 수립'은 후속 협상으로 연결됐다. 북일 국교 수립을 위한 회담이 열렸다. 1991년 1월부터 1992년 11월까지 약 2년 동안 8회가 열렸지만 양국의 입장 차이를 좁히지 못해 더는 진행되지 못했다. 일본의 현안이었던 북한 억류 선원

문제는 이들이 석방됨으로써 해결됐다. '북일 3당 공동선언'은 주요 부분이 일본 정부의 구체적인 조치로 이어지진 않았지만, 북일 관계사에서는 그 의미가 매우 크다. 양국의 국교 수립을 양국 관계의 분명한 목표로 제시했을 뿐 아니라 북일 수교 교섭의 첫 물꼬를 트는 역할을 한 것이다.[73]

또한 김용순은 1992년 1월 미국을 방문해 아놀드 캔터 국무부 정무차관을 만나 북한이 국제원자력기구(IAEA)와의 핵안전협정을 체결하는 사전 조율을 마무리했다. 이 회담은 6·25전쟁 이후 북·미 간에 열린 최초의 고위급 회담이다. 북한은 미국의 두 가지 근본적인 관심사항인 남북대화와 핵문제를 겨냥하고 있었다. 미국은 유인책으로 한미합동군사훈련인 '팀스피리트 92'를 중단했다.

캔터 차관은 스코우크로프트 백악관 국가안보보좌관의 승인과 국방부 및 재무부의 동의 아래 ①국제핵안전 지침을 준수한다 ②미사일 수출을 중단하고 화학 및 생물학 무기를 폐기한다 ③한국과의 대화와 화합을 추구한다 ④테러리즘을 포기한다 ⑤6·25 당시 북한에서 전시한 미군 유해의 발굴과 송환에 협조한다 등 5가지 조건을 제시했다. 미국은 북한이 이런 조건에 협조할 경우 1950년 이래 계속된 대북 경제제재의 단계적 해제와 외교 및 통상 관계 정상화의 점진적 추진을 약속했다.[74] 김용순-캔터 회담은 큰 진전을 보지 못했지만 북한은 회담 이후 8일 뒤 오스트리아 빈에서 IAEA 핵안전협정에 서명했다. 김용순은 캔터를 만나 주한미군은 한반도 통일 후에도 지역의 세력

균형과 안보를 위해 주둔이 필요하다고 전달했다. 이 얘기는 김정일이 2000년 남북정상회담에서 김대중 대통령에게도 전달했다.[75]

김용순은 1992년 12월 대남비서로 옮겨졌다. 그 이후 11년 동안 대남비서를 맡았으며 선배인 김중린 다음으로 그 자리를 오래 차지했다. 그가 대남비서를 맡았을 때 2000년 제1차 남북정상회담이 평양에서 열렸다. 김용순은 남북정상회담이 끝난 지 3개월 만에 김정일의 특사 자격으로 서울을 방문해 김대중 대통령을 만났고 제주도를 방문하기도 했다.

북한 언론은 "김용순이 출퇴근시간에 단어장을 들고 외국어를 익혔고 단 몇 분이라도 시간이 나면 책을 들여다보았다"며 학습 의욕을 높게 평가했다. 아울러 외국에 출장을 갈 때는 가방에

김용순(오른쪽) 비서가 현지지도하는 김정일 국방위원장의 지시를 메모하고 있다.

읽을 책부터 챙겼다고 기록했다. 책 읽기를 좋아해서인지 생전에 『첫 봄』, 『믿음과 삶』 등의 단행본을 출간했고, 노래 '영생의 모습'을 작사하기도 했다.

김용순은 2003년 6월 16일 지방에 나갔다가 사업을 하고 돌아오던 길에 교통사고를 당했다. 병원에 입원한 지 132일이 지난 그해 10월 26일 숨졌다. 김정일은 그가 사망한 이후 그를 잊지 못하고 자주 회고했고, 김용순을 '키 큰 비서', '다문박식한 외교관'이라 부르며 "김용순이 사망하지 않았다면 지금 한 몫 단단히 할 것"이라고 회고했다. 김정일은 당시 뇌졸중으로 감상에 젖을 때가 늘면서 김용순을 그리워하는 일이 잦았다고 한다.

김정은 국무위원장은 2016년 5월 제7차 당대회 개회사를 하면서 허담·김중린 등과 함께 김용순을 언급했다. 그리고 김정은이 호명한 사람들의 일대기를 담은 기록영화 '영생하는 우리 당의 혁명 전우들'이란 제목으로 시리즈 만들었다. 그 시리즈에 김용순도 '당 중앙위원회 비서였던 김용순' 편으로 제작됐다.

김용순 경력

1934년 7월 5일	평안남도 평원군 출생
1954년	김일성종합대학 졸업
1956년	소련 모스크바대학 졸업
1970년 8월	주 이집트 대사
1973년 3월	대외문화연락위원회 부위원장
1973년 5월	북-루마니아 친선협회 위원장
1974년 6월	노동당 국제부 부부장
1983년 12월	노동당 국제비서
1984년 10월	평안남도 덕천 탄광노동자로 좌천
1987년	노동당 국제부 부부장
1988년	노동당 국제부장
1990년 5월	노동당 국제비서
1990년 9월	일본 가네마루 신 자민당 부총재 초청
1992년 1월	미국 방문
1992년 12월	노동당 대남비서
2003년 10월 26일	사망

김양건 동무는 그 누구도 대신할 수 없는

나의 충실한 방조자, 친근한 전우였다.

김정은

김정은의 책사

김 양 건

김용순 대남비서의 후임은 김양건(1942~2015)이었다. 김양건은
김정은 국무위원장의 책사였다. 김일성-김책, 김정일-허담의 맥
을 이었다. 김정은은 그의 장례식장을 찾아 "그 누구도 대신할 수
없는 나의 충실한 방조자, 친근한 전우였다"고 회고했다.

　김양건은 김정일 국방위원장이 사망하기 이전에 김정은의
'고명대신'으로 뽑혔다. 그가 선택된 것은 어느 파벌에도 속해
있지 않은 전형적인 테크노크라트였기 때문이다. 김양건 외에
노동당 내부에서 또 다른 고명대신은 김평해 당 간부부장, 박
도춘 전 군수담당비서였다. 김양건이 대남비서에 임명된 것은
2010년이다. 2007년 통일전선부장에 오른 뒤 3년 만에 대남
비서와 통일전선부장을 겸임하게 됐다. 김양건은 김일성종합
대학 불어과를 졸업한 뒤 사회주의노동청년동맹(현 김일성-

김정일주의청년동맹) 중앙위원회에서 근무하다가 1973년 대외문화연락위원회 지도원으로 선발됐다. 대외문화연락위원회는 1956년 창설된 당 국제부 산하단체로 여러 나라에서 친북 저변세력을 확대하고 미수교국에 대해 관계 수립의 여건을 조성했다.

김양건은 1977년부터 당 국제부 지도원으로 들어가 부과장, 과장, 부부장을 거쳐 20년 만인 1997년 당 국제부장으로 승진했다. 그 이후로 10년 동안 당 국제부장으로 근무한 뒤 2007년 통일전선부장으로 옮겼다. 전임자 김용순과 같은 케이스였다. 통일전선부장은 김용순 대남비서가 2003년 사망한 뒤 4년 동안 공석이었다. 4년 동안은 김정일 국방위원장이 사실상 대남비서 겸 통일전선부장을 맡은 것으로 보인다.

김양건이 대남 사업을 맡은 이후 2007년 제2차 남북정상회담, 2009년 싱가포르 비밀접촉, 2015년 8.25 남북고위급접촉 등 굵직굵직한 일들이 많았다. 제2차 남북정상회담과 8.25 남북고위급접촉은 좋은 기억으로 남아 있겠지만, 싱가포르 비밀접촉은 그에게 시련을 안겨 주었다.

김양건은 2009년 8월 서거한 김대중 전 대통령의 조문단으로 김기남 비서(현 노동당 부위원장)와 함께 서울을 방문했다. 김기남은 당시 이명박 전 대통령에게 남북정상회담을 제의했고, 김양건은 이를 진행하기 위한 사전 접촉으로 싱가포르에서 만나자고 제안했다. 이 대통령은 그해 10월 임태희 노동부 장관을 보냈다. 이 대통령의 회고록 『대통령의 시간』(2015년 2월 발행)에 따르면 이 비밀 접촉은 북한의 지나친 요구(옥수수 10만 톤,

쌀 40만 톤, 비료 30만 톤, 아스팔트 건설용 피치 1억 달러, 북한 국가개발은행 설립 자본금 100억 달러)로 중단됐다.

김양건은 빈손으로 돌아갈 수 없어 "그대로 가면 죽는다"며 싱가포르에서의 논의사항을 적은 쪽지에 임 장관의 사인을 받아갔다. 싱가포르 비밀접촉 이후 그해 11월 개성에서 통일부-통일전선부의 실무 접촉이 열렸다. 북한은 싱가포르의 논의사항을 '합의문'이라고 우기며 약속을 지키라고 요구했다. 결국 실무 접촉이 결렬되면서 남북정상회담은 물 건너갔다.[76]

김양건은 『대통령의 시간』에 당시의 협상 내용이 공개되면서 2015년 2월 곤욕을 치렀다. "그대로 가면 죽는다" 등의 표현이 북한의 입장에서 굴욕적으로 비쳤는지 국가보위성(한국의 국가정보원)의 강도 높은 조사를 받았다. 당시 과연 김양건이 복귀할 지에 관심이 쏠렸다. 하지만 그는 2015년 2월 당 정치국 위원으로 승진하면서 오히려 존재감을 과시했다.

김양건은 그해 12월 29일 교통사고로 사망했다. 김용순 대남비서, 이제강 조직지도부 제1부부장 등도 교통사고로 사망하면서 자동차가 적은 북한의 현실을 감안해 타살설이 끊임없이 제기됐다. 당시 김양건은 대표적인 대화파로 강경파들에게 '눈엣가시'였다.

김정은은 장례식에 참가해 눈물을 흘리며 "함께 손잡고 해야할 많은 일들을 앞에 두고 이렇게 간다는 말도 없이 야속하게 떠났다"고 말했다. 1991년 5월 허담이 사망했을 때 김정일 국방위원장이 장례식장에서 눈물을 흘린 것과 비슷했다. 김정은은

2016년 5월 제7차 당대회에서 당의 강화발전과 사회주의 승리를 위해 헌신한 사람으로 김양건을 허담·연형묵·김중린·김용순 등과 함께 호명했다.

김양건 경력

1942년 4월 24일	평안남도 안주시 출생
연도 미상	김일성종합대학 졸업
1977년	노동당 국제부 지도원
1986년 9월	노동당 국제부 부부장
1986년 10월	조선외교협회 부회장
1991년 7월	북-일 우호친선협회 회장
1997년 4월	노동당 국제부장
2005년 7월	국방위원회 참사
2007년 3월	노동당 통일전선부장
2010년 9월	노동당 대남비서, 노동당 정치국 후보위원
2015년 8월	노동당 정치국 위원
2015년 12월 29일	사망

군복 차림의 젊은 김영철 인민군 소장은

날카로운 눈매에 찬바람이 감도는 쌀쌀한 태도로

아무 말 없이 손만 내밀었다.

임동원[77]

김 영 철

2015년 12월 사망한 김양건의 바통을 이어받은 사람은 김영철 대남비서다. 한국 사람들에게 천안함 폭침사건과 연평도 포격사 건의 주범으로 알려진 인물이다. 김영철은 군인 출신으로 드물게 대남비서를 맡았다. 군인 출신으로 대남비서를 맡았던 사람으로 는 1968년 1월 청와대를 습격하려고 했던 주범 가운데 한 명인 허봉학이 있다.

김영철은 혁명유가족과 고위층 자녀를 북한 엘리트로 양성 하는 교육기관인 만경대혁명학원을 졸업하고 조선인민군 대장 까지 오른 사람이다. 그는 2009년 2월 신설된 정찰총국장에 임 명되면서 각종 대남·해외 공작업무를 지휘했다. 정찰총국은 총 참모부 정찰국과 노동당 소속의 당 작전부(대남 공작원 훈련 및 요인 암살), 35호실(엘리트 간첩 양성), 당 대외연락부(비밀지하

조직 구축 및 간첩 관리) 등 4개 기구를 통폐합하면서 만들어졌다.

이런 경력을 가진 김영철이 대남 공작과 함께 대화를 주도하는 대남비서 자리에 올 것으로 예상한 사람은 드물었다. 허담·김용순·김양건처럼 외무성이나 당 국제부 출신 가운데 대남비서를 맡거나 통일전선부의 내부에서 승진할 것으로 점쳤다. 하지만 이런 예상을 깨고 김정은 국무위원장은 육군 대장 출신을 그 자리에 앉혔다. 통일전선부 내부 사람들은 예상 밖의 인사였다고 평가한 것으로 알려졌다. 한국에서는 남북관계가 긴장되면서 김정은이 군인 출신을 대남비서로 임명했을 것이라는 분석도 나왔다. 김영철과 회담을 했던 군 장성들은 "군인 이미지와 달리 남북군사회담에서 보여준 모습을 보면 회담에 적합한 인물이라는 생각이 들었는데 김정은이 이 점을 높이 평가했을 수 있다"고 입을 모았다.

김영철은 군인 출신으로서 보기 드물게 남북 회담에 자주 참석했다. 그는 1988년 장성택의 형인 장성우(1933~2009)가 인민무력부 정찰국장으로 있을 때 그 밑에서 부장으로 근무했다. 김영철이 남북 회담에 얼굴을 내민 것도 장성우 덕분이다. 1990년 9월 서울에서 분단 이후 처음으로 열린 첫 총리회담인 남북고위급회담 북측 대표로 참석했다. 임동원 전 국가정보원장은 자신의 회고록『피스메이커』에서 김영철의 첫인상을 "군복 차림의 젊은 김영철 인민군 소장은 날카로운 눈매에 찬바람이 감도는 쌀쌀한 태도로 아무 말 없이 손만 내밀었다"고 적었다. 당시 김영철은 44살이었고, 연형묵 전 총리를 수행했다.

남북고위급회담은 이후 7차례 열려 남북기본합의서와 한반도 비핵화 공동선언 등을 결실로 얻었다. 그는 2000년 남북정상 회담 의전경호 실무자접촉 수석대표를 맡았고 2007년 제2차 남북국방장관 회담 북한 대표로 참석했다. 북한은 2008년 말부터 2009년 초까지 한국에 대해 유난히 강경한 노선을 보였다. 그 시작은 2008년 11월 17일 당시 북한 국방위원회 정책실 국장인 김영철이 개성공단 현황을 점검하면서부터였다. 김영철은 조사단 5명을 이끌고 개성공단을 방문해 오폐수 처리시설, 근로자 수, 작업환경 등을 둘러보고 '철수하는 데 얼마나 걸리느냐'고 묻기도 했다.

김영철은 2016년 초 대남비서를 맡은 뒤 경사를 맞았다. 그해 열린 노동당 제7차 대회에서 정치국 위원으로 승진했다. 당 서열 12위였다. 하지만 대남비서는 정찰총국장보다 쏠쏠한 '재미'가 없는 자리다. 남북관계가 악화된 데다 대남비서 산하의 조직들이 2009년 정찰총국으로 넘어가 역할이 대폭 축소됐기 때문이다.

이에 따라 그는 정찰총국 5국(대남 및 국외 정보 수집업무)과 정찰총국 산하의 외화벌이 무역 회사 청봉무역을 통일전선부로 이관하려고 했다. 전 정찰총국장의 힘을 이용하려고 했다. 하지만 황병서 총정치국장이 이를 월권행위로 규정하고 김정은에게 "김영철이 개인 권력을 조장하고 있다"고 보고했다. 김영철은 이로 인해 2016년 7월 약 한 달간 혁명화 교육(지방 공장이나 농장에서 노동을 하며 정신 교육을 받는 처벌)을 받고 복귀했다.

김영철은 통일전선부를 군인 출신인 자신의 심복들로 채웠다. 대표적으로 이선권 조국평화통일위원회(조평통) 위원장이다.

인민군 중장(별 2개)이다. 남북장성급군사회담과 남북군사실무회담 북측 대표를 맡아 남북 군사회담에 자주 얼굴을 비쳤던 사람이다. 이선권 외에도 군인 출신들을 통일전선부로 데리고 가는 바람에 개인 권력을 조장한다고 인식되기도 했다.

김영철은 제1, 2차 북미정상회담에서 폼페이오 미국 국무장관의 파트너였다. 대남비서가 북미정상회담에서 전면에 나선 것은 이례적이다. 외교문제는 당 국제부나 내각의 외무성이 전담하고 있다. 과거 사례를 보더라도 1994년 제네바 합의 때 북한 대표로 강석주 외교부 제1부부장이 나섰다. 제1, 2차 북미정상회담의 경우도 미국의 파트너가 국무장관인 만큼 폼페이오의 파트너는 이용호 외무상이 되는 것이 정상적이다. 하지만 김정은은 관례를 깨고 김영철을 협상 대표로 임명했다.

김정은은 두 가지 점을 고려한 것으로 보인다. 첫째, 외무성이 나서서 합의를 이끌더라도 군부가 합의 내용에 불만을 가질 수 있기 때문에 아예 군부 출신인 김영철을 내세울 수 있다. 내부 혼선을 줄이려는 의도로 해석되는 부분이다. 둘째, 북미정상회담의 주요 이슈가 핵협상이므로 김영철이 먼저 매듭을 지으면 그 다음에 이용호가 외교적 접근으로 마무리한다는 것이다. 큰 가닥은 군부에, 디테일은 외무성에 맡긴다는 전략이다.

김영철의 교체 여부는 김정은이 임명했기 때문에 그가 결정할 것이다. 김영철이 명백한 실수를 하지 않으면 북한에서 어떤 누구도 김정은에게 교체를 건의할 수 없다. 김영철이 대남비서로서 언제까지 북미 협상을 맡을지 지켜볼 대목이다.

김영철 S경력	1945년	양강도 출생
	연도 미상	만경대혁명학원, 김일성군사종합대학 졸업
	1968년	조선인민군 소좌, 군사정전위원회 연락장교
	1989년 2월	인민무력부 부국장, 조선인민군 소장,
		남북고위당국자회담 예비접촉 북측대표
	1990년 9월	남북고위급회담 북측대표
	1992년 5월	남북군사공동위원회 위원
	2000년 4월	남북정상회담 의전경호 실무자접촉 수석대표
	2008년	국방위원회 정책실 국장
	2009년	조선인민군 총참모부 정찰총국장
	2010년 2월	조선인민군 상장
	2010년 9월	노동당 중앙군사위원회 위원
	2012년 2월	조선인민군 대장
	2016년 1월	노동당 대남비서
	2016년 5월	노동당 정치국 위원,
		노동당 중앙위원회 부위원장(비서)

주석

1. 『月刊 祖國』, 제21권 제6호 (도쿄: 조선신보사, 2016), 39쪽.

2. 김일성, 『세기와 더불어 8』, 조선노동당출판사(평양), 1998, 159쪽.

3. 서대숙, 『북한의 지도자 김일성』, 청계연구소, 1989, 46쪽.

4. 김일성, 앞의 책, 450~451쪽.

5. 이종석, 『북한-중국 관계 1945~2000』, 중심, 2000, 23~24쪽.

6. 김일성, 앞의 책, 473쪽.

7. 이종석, 앞의 책, 36쪽.

8. 안문석, 『북한 현대사 산책 1』, 인물과 사상사, 2016, 235~238쪽.

9. 김일성, "조선인민군창건에 대하여"(1948년 2월 8일), 『김일성 저작선집 1』, 조선
   노동당출판사(평양), 1967, 185~192쪽.

10. 안문석, 앞의 책, 281쪽.

11. 와다 하루끼, 『한국전쟁』, 창작과 비평사, 1999, 70쪽.

12. 『月刊 祖國』, 제21권 제6호, 조선신보사(도쿄), 2016, 41쪽.

13. 유순호, 『김일성 평전』, 지원출판사, 2017, 685쪽.

14. 김일성, 『세기와 더불어 8』, 조선노동당출판사(평양), 1998, 276~282쪽.

15. 이종석, 앞의 책, 81쪽.

16. 안문석, 『북한 현대사 산책 2』, 인물과 사상사, 2016, 17쪽.

17. 김명호, 『중국인 이야기 4』, 한길사, 2015, 287~289쪽.

18. 안문석, 『북한 현대사 산책 1』, 인물과 사상사, 2016, 352쪽.

19. 안문석, 『북한 현대사 산책 2』, 인물과 사상사, 2016, 17~24쪽.

20. 유순호, 앞의 책, 675쪽.

21. 김일성, 앞의 책, 151~154쪽.

22. 김정일, "경제건설과 국방건설에서 혁명적 앙양을 일으키기 위한 사상 선전을 강화
    할데 대하여"(1967년 7월 3일), 『김정일 선집 1』, 조선노동당출판사(평양), 1992,
    262~263쪽.

23. 안문석, 『북한 현대사 산책 3』, 인물과 사상사, 2016, 112~113쪽.

24. 안문석, 앞의 책, 172쪽.

25. 김정일, "인민군대 당조직과 정치기관들의 역할을 높일데 대하여"(1969년 1월
    19일), 『김정일 선집 1』, 조선노동당출판사(평양), 1992, 415~425쪽.

26. 안문석, 앞의 책, 157쪽.

27. 김일성, 앞의 책, 310쪽.

28. 『月刊 祖國』, 제9권 제9호, 조선신보사(도쿄), 2004, 37~41쪽.

29. 『月刊 祖國』, 제9권 제9호, 조선신보사(도쿄), 2004, 37~41쪽.

30. 김일성, 『세기와 더불어 4』, 조선노동당출판사(평양), 1993, 285~320쪽.

31. 『月刊 祖國』, 제9권 제10호, 조선신보사(도쿄), 2004, 84쪽.

32. 『月刊 祖國』, 위의 책, 84쪽.

33. 『노동신문』, 1978년 4월 26일.

34. 김일성, 『세기와 더불어 8』, 조선노동당출판사(평양), 1998, 293쪽.

35. 김정일, "평양시에 청류다디(2단계)와 금릉2동굴을 건설할데 대하여"(1994년 11월 9일), 『김정일 선집 18』, 조선노동당출판사(평양), 2012, 101~102쪽.

36. 『月刊 祖國』, 제11권 제6호, 조선신보사(도쿄), 2006, 46~47쪽.

37. 안문석, 앞의 책, 177~178쪽.

38. 이종석, 『새로 쓴 현대북한의 이해』, 역사비평사, 2000, 477~478쪽.

39. 안문석, 앞의 책, 159~160쪽.

40. 안문석, 앞의 책, 178~179쪽.

41. 사회과학원, 『조선전사 32』, 과학백과사전출판사(평양), 1982, 216~218쪽.

42. 김일성, 『세기와 더불어 6』, 조선노동당출판사(평양), 1995, 266~269쪽.

43. 『노동신문』, 1980년 1월 13~15일

44. 안문석, 『북한 현대사 산책 4』, 인물과 사상사, 2016, 18~19쪽.

45. 『月刊 祖國』, 제16권 제5호, 조선신보사(도쿄), 2011, 79쪽.

46. 이종석, 앞의 책, 481쪽.

47. 안문석, 『북한 현대사 산책 3』, 인물과 사상사, 2016, 202쪽.

48. 안문석, 앞의 책, 202~207쪽.

49. 김정일, "조국통일 3대원칙을 관철하기 위하여 견결히 투쟁하자"(1972년 7월 14일), 『김정일 선집 2』, 조선노동당출판사(평양), 1993, 407~411쪽.

50. 김정일, "올해에 당조직들이 주선으로 틀어쥐고 나가야 할 몇가지 문제에 대하여" (1977년 1월 1일), 『김정일 선집 5』, 조선노동당출판사(평양), 1996, 358~361쪽.

51. 오진용, 『김일성 시대의 중소와 남북한』, 나남출판, 2004, 48~49쪽.

52. 첸치천 지음, 유상철 옮김, 『열가지 외교 이야기』. 랜덤하우스중앙, 2004, 157쪽.

53. 오진용, 앞의 책, 189~190쪽.

54. 안문석, 앞의 책, 70쪽.

55. 김일성, "일본정치리론잡지 〈세까이〉 편집국장이 제기한 질문에 대한 대답", 『김일성 전집 81』, 조선노동당 출판사(평양), 2009, 463쪽.

56. 김영준, 『평양 그리고 평양사람들 4』, 새봄, 2003, 188~189쪽.

57. 안문석, 앞의 책, 71쪽.

58. 리소테츠, 『김정은 체제 왜 붕괴되지 않는가』, 레드우드, 2017, 326쪽.

59. 정창현, 『인물로 본 북한현대사』, 선인, 2011, 341~342쪽.

60. 김정일, "강계정신은 고난의 행군시기에 창조된 사회주의 수호정신, 불굴의 투쟁 정신이다"(2008년 1월 30일), 『김정일 선집 23』, 조선노동당출판사(평양), 2014, 305~309쪽.

61. 『月刊 祖國』, 제13권 제4호, 조선신보사(도쿄), 2008, 63쪽.

62. 리소테츠, 앞의 책, 199~200쪽.

63. 김일성, 『세기와 더불어 8』, 조선노동당출판사(평양), 1998, 481쪽.

64. 전두환, 『전두환 회고록 2』, 자작나무숲, 2017, 473~476쪽.

65. 전두환, 앞의 책, 480~481쪽.

66. http://nkinfo.unikorea.go.kr/nkp/term/viewKnwldgDicary.do?page Index=1&dicaryId=226

67. 안문석, 『북한 현대사 산책 4』, 인물과 사상사, 2016, 132쪽.

68. 노태우, 『노태우 회고록 下』, 조선뉴스프레스, 2011, 355쪽.

69. 노태우, 앞의 책, 361~362쪽.

70. 황장엽, 『나는 역사의 진리를 보았다』, 한울, 1999, 212쪽.

71. 황장엽, 앞의 책, 222쪽.

72. 채명석, '가네마루 방북은 일본 외무성 작품', 『시사저널』, 1990년 12월 27일.

73. 안문석, 앞의 책, 158~161쪽.

74. 케네스 퀴노네스, 『2평 빵집에서 결정된 한반도 운명』, 중앙M&B, 2000, 35쪽.

75. 돈 오버로퍼 지음, 이종길 옮김, 『두 개의 한국』, 길산, 2002, 625쪽.

76. 이명박, 『대통령의 시간 2008-2013』, 알에이치코리아, 2015, 335~337쪽.

77. 전 통일부장관. 저서 『피스메이커』(2015)에서 언급.